SOUVENIRS
DE PRISON

ET

DE BAGNE

PAR

HENRI BRISSAC

Prix : 60 centimes

PARIS

DERVEAUX, LIBRAIRE-ÉDITEUR

32, RUE D'ANGOULÊME, 32

—

1880

Droits de traduction et de reproduction expressément réservés.

SOUVENIRS

DE

PRISON ET DE BAGNE

SOUS PRESSE

HISTOIRE DU SOCIALISME

ET DES PROLETAIRES

DEPUIS LES TEMPS LES PLUS RECULÉS JUSQU'EN 1881

PAR

BENOIT MALON

ex-membre de la Commune de 1871

Splendide édition populaire à 10 cent., illustrée de gravures
dans le texte et hors texte, par les premiers artistes.

Nota. — La première livraison contiendra en prime une
magnifique gravure de 58 millimètres sur 40, appelée à faire
sensation. Cette prime sera donnée gratuitement aux 10,000
premiers souscripteurs.

IMPRIMERIE GÉNÉRALE DE CHATILLON-SUR-SEINE. — J. ROBERT.

SOUVENIRS

DE PRISON

ET

DE BAGNE

PAR

HENRI BRISSAC

PARIS

DERVEAUX, LIBRAIRE-ÉDITEUR

32, RUE D'ANGOULÊME, 32

1880

PRÉFACE

J'ai toujours professé qu'une insurrection, sous une république consacrant la liberté de propagande, est, ou une folie funeste, même si elle se propose de réaliser un grand progrès, ou un déplorable accident, si elle n'est que l'explosion de la misère; car elle a pour effet d'entraîner après elle une dictature ou une anarchie également impuissantes ; et c'est là un des principes dont il importe le plus d'imbiber l'esprit des masses.

Mon passé politique est ouvert à l'examen : aucun de mes écrits, aucune de mes paroles, aucun de mes actes ne dément le point capital que je viens d'indiquer.

En république, j'attends tout de la diffusion des idées, du vote et de la libre initiative des citoyens mieux éclairés.

En monarchie, au contraire, le droit d'insurrection est permanent.

Il m'importe donc d'expliquer très succinctement ici pourquoi j'ai donné mon concours à la Commune.

L'immense majorité de l'Assemblée de Bordeaux était monarchique, et nourrissait le désir de rétablir un trône : ce point n'est contesté par personne.

M. Thiers, dès le début de son gouvernement, était parvenu à inspirer une entière confiance à beaucoup de républicains, même radicaux, investis du mandat de député. Sans doute, des conversations intimes, des engagements solennels pris par lui, avaient porté la conviction dans leur esprit. Mais on accordera que la masse, connaissant les traditions, les théories, les sympathies de M. Thiers pour la monarchie parlementaire, ne pouvait être pénétrée de la même foi qui les avait saisis.

Ainsi, une majorité visant ouvertement à réédifier un trône, des chefs militaires d'accord avec elle, un président suspect : voilà les maîtres de la France.

En face d'eux, une garde nationale épuisée par les fatigues du siège, enflammée par les déceptions de la défaite, menacée d'une misère implacable, si sa solde lui était enlevée.

Le 18 mars éclate.

Quelques jours après, dans le premier numéro du journal *la Commune*, je publiai un article intitulé : *Confiance!* Ce devait être, selon moi, le programme de l'insurrection qui se résumait en ceci :

Élections générales pour constituer une nouvelle Assemblée;

Eloignement des troupes de Paris.

C'est-à-dire la république, rien que la république.

Je continuai ainsi, simple journaliste, jusqu'au 15 avril, où j'acceptai des fonctions.

Je le répète, je voulais seulement préciser quels furent mes mobiles en m'associant à l'insurrection parisienne.

SOUVENIRS

DE PRISON ET DE BAGNE

Ce récit est celui d'un homme qui a porté le bonnet vert au bagne de Toulon.

Quel crime avais-je commis ? le voici. Jugeant la République menacée, je m'étais associé à l'insurrection de 1871. C'est le même crime que des forçats de ma trempe continuent d'expier à la presqu'île Ducos. De plus, j'avais exercé les fonctions de secrétaire général de la commission exécutive et du comité de Salut public.

Le conseil de guerre qui m'a condamné le 24 mai 1872 aux travaux forcés à perpétuité pour complicité d'incendie — allumé au moyen de torpilles ! — s'est refusé à m'apprendre quelle maison j'avais brûlée : il est impossible de se montrer plus discret. La discrétion est une vertu ; et mes juges ont voulu être vertueux.

I

Quelques dizaines de milliers de citoyens, qui avaient pris part à l'insurrection républicaine, cherchèrent, après la semaine de Mai, à dépister la police. La narration des odyssées de ceux qui, échappés au massacre, parvinrent à traverser la frontière ou à se cacher dans Paris, égalerait, certes, en intérêt, les romans les plus émouvants. Le témoin qui eût parcouru les quartiers les plus éprouvés, aurait également à peindre la physionomie sinistre de la malheureuse ville pendant cette période; et il faudrait y ajouter les drames innombrables qui désolèrent les familles.

Huit jours après l'entrée des troupes de Versailles à Paris, je me réfugiai sous un faux nom dans un hôtel de la rue des Messageries. Consumé d'ennui par la solitude, je quittais chaque jour ma prison anticipée pour humer l'air des environs.

Le hasard me fit rencontrer plusieurs fois des amis : mais, par un accord tacite, on passait comme des ombres en se frôlant, le long des boutiques encore closes, et en détournant son regard inquiet, — l'un, pour ne pas compromettre; l'autre, par peur d'être compromis. Les soupiraux des caves de la rue d'Hauteville et du faubourg Poissonnière étaient bouchés pour la plupart : le fantôme de l'incendie assiégeait, paraît-il, des cerveaux affolés. Je lisais en hâte les affiches blanches de l'auto-

rité militaire, qui ne me convertirent pas à l'ordre monarchique. Je m'enhardis pas degrés jusqu'à passer mes
journées dans un cabinet littéraire situé en face du poste
Bonne-Nouvelle. Les policiers de l'Empire lancés à ma
poursuite eussent pu me « cueillir » là jusqu'au 10
juin.

A cette époque, on annonça qu'ils allaient sérieusement examiner les habitants des hôtels meublés et gar-
nis, ce qui n'avait pas encore eu lieu. Je me décidai à
retourner secrètement, le soir, chez moi, où il ne sembla
pas que je courusse plus de risques. J'y restai dix jours
sans être découvert.

Le 20 juin 1874, à six heures du matin, je fus arrêté
par trois agents de la « sûreté ». Sûreté! Celle de qui?
Sur ma route, la guerre civile étalait ses décombres, et
je croyais voir le suaire de la République égorgée. Mon
escorte me conduisit à la « permanence » du ministère
des affaires étrangères. Une écurie abandonnée me servit
de prison provisoire. Au bout de sept heures, un homme
vint me prendre, et un premier interrogatoire constata
mon identité. On me ramena, et j'arpentai de nouveau
fiévreusement les pavés disloqués. Deux heures après,
je demandai du pain.

— Nous n'avons pas d'ordre, me dit l'agent d'un poste,
mais attendez.

Il revint aussitôt, et m'en présenta. J'offris de l'argent.

— Allons donc, me dit-il, c'est mon pain.

Je le regardai. Ses allures étaient amicales. J'acceptai
en le remerciant.

Enfin, l'on vint me chercher. Une voiture découverte

m'attendait ; j'y montai. Je pris place près d'un commissaire aux délégations judiciaires. Un quidam occupait le devant : visage glabre et flétri ; menton disparu dans un fouillis de soie noire, éraillée, fripée ; col absent, redingote lamentable boutonnée tout du long, et sanglant un torse grêle ; chapeau crasseux et défoncé, gourdin dans la main crochue : la police grimaçante et muette. Je voyais le dos d'un troisième personnage, assis près du cocher.

— Que de ruines ! me dit le commissaire en route.

— Le huitième trône que l'Assemblée va rétablir aura coûté cher ! répondis-je.

Il s'agissait d'opérer une perquisition chez moi. Papiers intimes et articles remontant à 1847, me furent saisis. Les trois oiseaux de proie m'arrachaient à l'envi ces racines dans mon passé, qui ne m'ont pas été restituées.

L'exécution faite, j'eus à subir un second interrogatoire sommaire dans je ne sais quel lieu. Quelques scribes y écrivaient ; d'autres y lisaient un journal innommable. On me remit aux mains d'une nouvelle escorte, et nous partîmes à pied.

J'observai les passants. Les uns me jetaient un regard furtif et attendri ; les autres me dardaient leur triomphe et leur dérision. Nous fîmes halte et une cloche retentit. Bientôt la porte d'une cellule se referma derrière moi : j'étais au secret, au dépôt de la préfecture.

Des dessins qui n'avaient rien d'hiéroglyphique barbouillaient les murs ; des pensées non empruntées à Vauvenargues, déformaient l'esprit et le cœur ; des noms peut-être appelés à la célébrité pouvaient s'y lire ; celui-ci, par exemple : « Augusse de la porte sin Deni adieu les ami ! ! ! »

Le bruit confus d'une foule de voix et de pas retentit. J'entrebâillai mon guichet. Des centaines d'hommes, défilant dans un pêle-mêle tumultueux, revenaient de « la promenade ». Un crieur les annonçait : « La Commune ! » Le même cri était poussé incessamment, jour et nuit, à l'arrivée de chaque nouveau venu ; car la chasse était fructueuse. J'entrevoyais au loin, dans l'ombre du corridor, le jeu d'une porte, espèce de couperet de guillotine : un grincement de clefs, un claquement soudain, et le gibier ahuri s'abîmait dans la gibecière déjà trop bourrée.

Un troupeau de jeunes enfants passa aussi. On les mit à part, beaucoup pleuraient. Un surtout, un pauvre enfant de quatre ans au plus.

Dès le jour suivant, je commençai de recevoir des journaux ; un pain le plus souvent leur servait de cachette. J'appris ainsi qu'on ne m'avait pas encore arrêté, mais que la police (toujours celle de l'Empire) était sur ma piste, et qu'on s'attendait à des « révélations piquantes ».

Le 15 juillet au matin, le gardien m'annonça brusquement mon départ. Je me trouvai bientôt pressé dans une cour qui regorgeait de prisonniers. On donna le signal de la sortie, et nous débouchâmes confusément sur le quai.

Spectacle navrant ! une foule compacte de femmes, épouses, mères, filles, sœurs, amies, attendaient anxieusement. Des bras frêles portaient de gros paniers chargés de vivres et de linge ; des sanglots s'exhalaient des cœurs

brisés; des larmes ruisselaient sur les joues; des mains
fiévreuses touchant les lèvres envoyaient des baisers;
des corps chancelants s'appuyaient sur le parapet pour
ne pas s'affaisser. Elles étaient venues, les pauvres femmes, pour voir ou assister leurs chers prisonniers; mais
la police les avait chassées, car ils partaient pour Versailles.

Oui, pauvres femmes! On est précipité dans un enfer
en sondant leur supplice! Voyez! le siége et ses fléaux!
la misère tarissant le lait dans leurs mamelles, le froid
glissant le frisson jusque dans leurs os; les bombes cre-
vant les toits de leurs taudis gelés, les cadavres de leurs
maris tués par les esclaves de Guillaume ajoutés aux
cadavres de leurs petits enfants dévorés par la famine;
les stations sous la pluie et la neige pendant de mortelles
heures, et jour et nuit, pour arracher un débris de che-
val ou de pain noir à rapporter dans la famille! Puis, la
Commune et le dénouement tragique. Il y a des ricaneurs
qui jettent leur bave sur tout ce deuil, parce qu'ils ont
vu des drôlesses mêlées à la noble légion, et comme
l'impudeur et la perversité se sont étalées quelque part,
ils se procurent la joie de conclure à l'indignité à peu
près partout, et ne distinguent pas même entre le malheur et l'infamie. Laissons ces facétieux ensevelis dans
le triomphe qu'ils se décernent; constatons que jamais
des cœurs féminins ne furent plus meurtris, et couron-
nons de notre admiration et de notre respect la grandeur
des femmes de Paris pendant « l'année terrible! »

J'essayai d'encourager par un sourire d'espoir celle
qui était perdue aussi dans la foule, et qui ne cessait pas
de pleurer en attachant ses yeux sur les miens. Mais je

suffoquais et je ne pus la tromper : elle comprit mon dessein, et sa douleur s'en accrut encore. Ah! nous autres êtres voués aux orages, pourquoi, au lieu de tomber seuls dans l'abîme, y entraînons-nous celles qui sont créées seulement pour les joies paisibles du foyer!

On nous fit mettre en colonne, bras dessus bras dessous, par six de front, entre deux haies de cuirassiers qui chevauchaient, le pistolet au poing. La marche en avant commença, et j'échangeai un dernier regard.

Je me sentis secoué au bras droit : c'était mon compagnon inconnu qui gambadait joyeusement et pouffait de rire, en criant : « Nous sommes tous des camarades! tous! » Ses pieds perçaient les empeignes de ses savates, et il était plus déguenillé qu'un personnage de Callot. Ces allures cyniques et son faciès ignoble défiaient toute sympathie, et montraient en lui un malfaiteur, non un infortuné. En nous engageant dans l'étroite rue Bonaparte, nous serrâmes les rangs et je dus prendre soin de ne pas être renversé par les chevaux dont je touchais le flanc. Lorsque nous fûmes parvenus à la gare de la rue de Rennes, on nous empila dans des wagons à bestiaux.

Le lecteur connaît les tortures subies par les premiers convois de prisonniers. C'est à pied qu'ils se traînaient jusqu'à Versailles, en jonchant le chemin de leurs cadavres. MM. de Gallifet et Ladmirault s'arrogeaient le droit de la lutte, et marquaient, à leur gré, dans une loterie funèbre, les victimes destinées à venger l'Empire. « Toi, tu es vieux; toi, tu es jeune; toi, tu es maigre; toi, tu es gras : passe au bourreau. » Ces généraux de l'ordre monarchique faisaient fusiller aussi ceux qui, blessés ou épuisés, étaient convaincus du crime de ne pouvoir pas

marcher plus longtemps. Le reste, en entrant à Versailles, était couvert d'opprobre et de boue, assommé sous
les cannes des anciens Deux-Décembriseurs, piqué à
coups de pointes d'ombrelles maniées par des furies, la-
pidé par des prêtres qui jetaient la première pierre. Tous
les partis ont leurs oiseaux sinistres qui fondent sur les
vaincus!

Ces indignités nous furent épargnées; six semaines
nous séparaient déjà des premières tempêtes. Nous fûmes
conduits à l'Orangerie, et un lieutenant, M. Shiel, m'interrogea brièvement. Je vis qu'il traçait, en regard de
mon nom, trois barres au crayon rouge. Cela fait, il
donna l'ordre de me conduire dans une des salles, et me
dit :

— Vous avez eu de la chance.

— Laquelle? demandai-je étonné.

—· Que je n'aie pas été le maître, car j'aurais fait fusiller tous les avocats et tous les journalistes.

Je trouvai à grand' peine une place dans la fourmil-
lière d'hommes assis pêle-mêle sur des bagages ou dans
la poussière. Au premier coup d'œil, je remarquai le
ténor Michot, coupable d'avoir chanté pendant la Commune et d'être républicain. Versailles avait joint les
deux forfaits. J'étais à peine installé, cherchant à me
reconnaître dans le tumulte confus de milliers de voix,
lorsque j'entendis appeler mon nom par un gendarme. Il me fit signe de le suivre, et j'arrivai devant
un capitaine, M. Serré-Delanoze, commandant de l'Orangerie.

Je me découvris, et M. S... ne me rendant pas mon
salut, je remis mon chapeau. Aussitôt, un personnage

se précipita devant moi : « Vous êtes prisonnier, cria-t-il ; découvrez-vous devant un officier français ! »

Il disait à peu près vrai : j'étais prisonnier d'officiers français et bonapartistes. Je plaçai mon chapeau sur un banc. Ce jeune homme furieux, alors méconnaissable en civil, était lieutenant ; et il se nommait Chamois. M. Serré ordonna de fouiller mes poches et mon sac de nuit : encrier, papier, plumes et vingt-cinq cigares me furent confisqués, — au profit de l'État, sans doute. Puis, il fit signe à un agent qui m'escorta.

Nous arrivâmes dans un lieu qu'on a surnommé la Fosse-aux-Lions. C'est un antre noir, humide et bas, pratiqué à l'un des pieds de l'escalier qui règne au-dessus de l'Orangerie. On y mettait les hommes « dangereux. » Un trou me servit de lit. Quelques-uns de ces hommes dangereux s'étaient arrangé des oreillers avec des débris de caisse : ils leur furent enlevés. Quelqu'un vint tâtonner, en se courbant dans l'ombre, pour s'assurer qu'il n'en existait plus. Ce très zélé gardien était M. Chamois, l'officier en question.

La Fosse-aux-Lions servait aussi d'exutoire aux malheureux devenus fous et aux ivrognes. Quand ils étaient tapageurs, M. Serré les faisait lier, bâillonner et bâtonner, — à moins qu'il ne les bâtonnât lui-même. Deux fois par jour et pendant un quart d'heure, nous avions le droit, et au besoin le devoir, de nous promener, sous l'œil des gendarmes, dans un cercle d'écureuil. Un certain public, placé sur une terrasse, nous contemplait sans payer de rétribution : il savourait ainsi la préface d'exécutions probables. Cependant, plus d'un cœur ami et désespéré se sera glissé là, sans doute !

1.

Nous étions souvent réveillés la nuit, en sursaut : nous entrevoyions défiler des convois sinistres destinés aux pontons. A la lueur d'un fanal, les hommes étaient pris au hasard, et poussés dans les rangs avec leurs bagages. Le lendemain matin, les femmes apparaissaient, chargées de l'éternel panier! Beaucoup, pour faire accepter ce qu'elles donnaient, déguisaient leur misère sous un mensonge dicté par la tendresse, et s'imposaient l'âcre volupté de s'affamer elles-mêmes; d'autres, maladives, portaient leur nourrisson sur les bras. « Où est mon mari? Où est mon fils? Où est mon père? — A Brest! à Rochefort! à Cherbourg! » Et elles s'en retournaient en sanglotant au logis souvent désert; et plus d'une, trop pauvre pour acheter un billet, se remettait en marche comme elle était venue, avec ses pieds endoloris.

Ah! pourquoi les aveugles en retard voulaient-ils étrangler de nouveau la République? parce qu'elle est le seul abri possible du progrès dans notre temps? et ils eussent réussi même à la tuer : après? la morte soulèvera toujours la pierre de son tombeau!

Au commencement d'août, nous fûmes transférés dans l'Orangerie, et, quand elle fut évacuée, nous passâmes au « Chantier. » C'est une construction à trois étages renfermant trois vastes salles : on l'avait transformée en prison.

On nous octroyait la liberté de nous promener dans une cour. Nos familles, au début, purent entrer en communication très intime avec nous, car nous n'étions séparés des visiteurs par aucune barrière. Le lendemain de notre installation, le commandant de la prison, M. Marceron, autre lieutenant, me fit appeler :

— J'ai les plus mauvaises notes sur votre compte, me
dit-il, et je vous avertis que si la moindre émotion se
manifeste dans la salle où vous êtes, c'est vous, vous
seul que je rendrai responsable.

—. Ce serait singulier, répliquai-je : mon attitude, ce
me semble, est très réservée?

— Enfin, c'est ainsi.

— Je suis dans les mains de mes adversaires politiques, et je sais quelle doit être ma ligne de conduite.

— Oh! moi, mes adversaires, je leur f... des soufflets
d'abord, et un coup d'épée ensuite.

M. Marceron disait vrai; au moins quant à la première affirmation. Il convient d'ajouter que ses adversaires se trouvant être en même temps ses prisonniers,
sa tâche devenait, sinon plus honorable, au moins plus
facile. Rendons cette justice à M. Marceron : après avoir
fait attacher des hommes, il les a frappés lui-même; et
il a frappé des vieillards, sans qu'ils fussent attachés.

J'ai eu depuis connaissance de ce que contenaient les
notes susdites; les voici : « Journaliste enragé, homme
très dangereux, bon à fusiller. »

Elles ne sont pas restées stériles. Des plaintes sur le
régime pratiqué au chantier parurent dans je ne sais
quel journal. Le colonel Gaillard nous fit tous réunir, en
enjoignant à ses soldats de faire feu sur nous, si quelqu'un osait rompre le silence. Cette précaution prise, il
nous dit « que nous étions des ingrats; qu'il nous avait
bien traités jusqu'ici, mais qu'il avait affaire à des
hommes incorrigibles; et que, pour donner un exemple,
vingt-cinq des plus turbulents parmi nous allaient être
envoyés dans un fort éloigné. »

J'ignorais même la teneur de la publication, cause de cette scène, et je n'avais pas fourni non plus l'ombre d'un prétexte pour encourir une punition. La liste, officielle ou non, des châtiés, circula bientôt, et je n'y figurais point. Le temps s'écoulait, je commençais à me rassurer. Mais, à la dernière heure, un nom fut biffé pour être remplacé par le mien, et je reçus l'ordre de partir immédiatement.

Un changement de prison ne m'importait guère; mais c'était une prison lointaine, fermée à un dévouement qui allait recevoir une nouvelle blessure !

II

Nous partîmes le soir. Le chef de notre escorte reprit la scène de M. Gaillard et un autre wagon à bestiaux nous emporta hors de Versailles. Le voyage devant durer plus longtemps cette fois, nous regardions les quelques trous pratiqués dans les parois, en nous demandant s'ils fourniraient aux poumons de vingt-cinq hommes la provision d'air indispensable. Les places des élus se trouvaient à côté de ces trous, précieux comme des gouttes d'eau à la poitrine altérée : mais, sous peine d'asphyxie générale, on ne pouvait y appliquer sa bouche.

Le lendemain, dans l'après-midi, un bateau nous reçut et, après avoir sillonné la rade de Cherbourg, aborda au pied d'un escalier abrupt lavé incessamment par l'écume.

Le fort Pelée, construit sur un étroit îlot, dressait tristement au-dessus de nous ses tours crénelées.

Arrivés dans la cour intérieure, bordée par les casemates, nous vîmes un tas de visages hâves grimacer à travers les barreaux. C'étaient des prisonniers enfouis là depuis les premiers jours d'avril. Le directeur nous déclara qu'il était prêt à nous donner des marques de sa bonté; je pensai que nous étions prêts à les recevoir. Il y mettait pour condition que nous n'en abuserions pas; cette condition, je l'affirme, n'a jamais pu être violée. Il ajouta que nous trouverions satisfaction dans une cantine à des prix « doux »; le cantinier, m'a-t-on assuré depuis, était son parent. Cette douceur et cette bonté n'ont fait que des incrédules.

Nous montâmes dans notre chambre obscure : le plafond, très bas, s'appuyait sur des poutres; une embrasure ouverte au fond laissait passer un filet de jour et le mugissement des vagues; des fenêtres à baies étroites, dominant le préau, permettaient à nos visages de se coller aussi derrière les barreaux; et des paillasses décousues se touchaient dans la poussière du plancher.

Mes compagnons, braves ouvriers, presque tous pères de famille, déploraient comme moi la présence de quatre ou cinq habitués des « centrales ». Je devais plus tard me familiariser avec cette société. L'un d'eux nous raconta ses prouesses dans les derniers jours de mai. Il avait volé, je ne sais où, un uniforme d'officier de la garde nationale, s'était improvisé commandant, et, comme tel, avait fait à main armée une réquisition... de montres. Un magasin aurait été ainsi dévalisé. Comme il vit que son récit excitait une indignation qui allait se traduire hautement, il se hâta d'ajouter que, se trouvant alité, il avait signé un blanc-seing, et qu'un sien ami, en le remplissant, « avait abusé de sa signature. »

Ce mot à la Bilboquet me désarma presque. Mais, dans une guerre civile, par quelles fissures les bandits fondent sur leurs victimes!

De rares journaux me parvinrent. L'un d'eux contenait la relation d'un grand repas donné par M. Thiers. Deux descendants de Philippe-Egalité figuraient à ses côtés, le comte de Paris et le duc d'Aumale. Etranges moyens pris par ce président de République pour dissiper les angoisses les plus légitimes. « A quand la Restauration? » pensai-je amèrement.

Nos gardiens nous annoncèrent un jour la visite d'un haut personnage. Nous le vîmes apparaître, respectueusement escorté du directeur de la prison. Sans se donner le temps de respirer ni de voir, il nous dit brusquemen sur un diapason suraigu vraiment rare :

— Tas d' pétroleux: vous v'là bien avancés, hein? vous êtes coffrés! Oh! les imbéciles! ils sont toujours les mêmes! toujours les mêmes! répéta-t-il en nous tournant le dos; et nous ne le revîmes plus. Je demandai avec stupéfaction le nom de ce haut personnage : c'était un général, — M. Dumoulin.

On me prévint au mois de janvier que je retournais à Versailles. Je me trouvai le seul prisonnier dans la barque. Au lieu d'aller directement vers le rivage, elle dévia sensiblement, et un autre fort m'enserra dans ses murs.

— Comment nomme-t-on cette prison? demandai-je à un de mes nouveaux compagnons.

— Le fort du Hommet.

— Savez-vous pourquoi on m'amène ici?

— Afin que vous alliez ailleurs.

— Bah !

— Oui, le fort du Hommet est une prison de passage, pour ceux du moins qui viennent du fort Pelée : vous resterez de vingt-quatre heures à plusieurs semaines.

Le troisième jour, je débarquai dans le port de Cherbourg. Un gendarme enchaîna mon poignet droit au poignet gauche d'un autre prisonnier. Un bagage trop pesant chargeait mon épaule restée libre. Nous partîmes et traversâmes ainsi les rues de la ville. C'était un dimanche, et la population oisive jasait sur le seuil des maisons en nous regardant passer. Je pus atteindre enfin la gare du chemin de fer, située trop loin, à ce qu'il me parut, et nous montâmes cette fois, non dans un wagon à bestiaux, mais dans un wagon de deuxième classe.

Deux gendarmes s'assirent en face de nous. Le brigadier, après nous avoir observés, nous ôta les menottes. Il m'assura qu'il n'était nullement l'ennemi des républicains; que, d'ailleurs, il n'entendait rien « à la politique », et que, comme soldat, il se croyait obligé d'obéir seulement à ses supérieurs. Il invoquait la discipline aveugle, sans laquelle, en effet, une armée n'est qu'une ombre, et je pensais, moi, aux devoirs du citoyen, dont l'oubli plonge dans le césarisme. Douloureuse antinomie ! Comment, en quelques mots, en faire comprendre l'unique solution à un esprit inculte? Celle de l'avenir, le licenciement des armées européennes par l'unité politique? Je me contentai d'insister sur une discipline raisonnée, respectueuse de la République, mais en me

demandant secrètement où est le soldat, si le raisonneur
contrôle?

Nous arrivâmes au Mans dans la soirée.

— Voulez-vous dîner ? nous dit le brigadier.

— Certainement.

— Alors, je suis obligé de vous remettre les menottes;
n'en soyez pas fâchés : c'est la consigne; je vous les ôte-
rai au restaurant.

Nous entrâmes, ainsi attachés, dans la gare du chemin de fer, et l'on nous servit « une consommation »,
que je bus de la main gauche.

La dame du buffet pouvait se demander : « Sont-ce des
républicains ou des voleurs ? »

Nous traversâmes ensuite plusieurs rues.

Le brigadier nous fit faire halte devant un Vatel à bon
marché.

— C'est ici, s'écria-t-il.

Nous nous assîmes dans la salle du fond, devant une
table qui avait une nappe. Nos mains furent détachées.
Nous trinquâmes, et je proposai un toast à la République.
Mes gendarmes s'y associèrent avec cordialité; il est vrai
que leur cordialité eût été la même pour un toast à l'Empire.

J'exprimai le désir d'acheter des cigares. Le brigadier
me désigna un débit à vingt pas plus loin. Je m'y rendis
tout seul sans menottes. La marchande me prit pour le
premier venu, pour un homme libre ; je me sentais fier.
En sortant, je m'attendais à trouver au moins un gendarme à la porte, personne. Je regardai autour de moi
et en découvris un, le brigadier, qui ne bougeait pas et
me tournait le dos.

Tentation bien forte! Je voyais près de moi, à ma gauche, l'angle d'une rue, et il faisait nuit. Pourquoi ne pas tenter l'aventure? Courir dans l'inconnu? Faire appel au hasard à quelqu'un qui ne me livrerait peut-être pas? Je ne tentai rien; et je l'ai regretté amèrement depuis. L'expérience du prisonnier me manquait. L'Assemblée, pensais-je, allait se dissoudre; on allait évacuer les cachots et les pontons; une telle crise ne pouvait durer : le manque de journaux et les faux rapports nourrissaient mes illusions. Je retournai près de mon gendarme qui ne marquait pas la moindre défiance.

III

Nous arrivâmes dans la nuit à Versailles. Il y avait doute, paraît-il, sur notre destination, car le brigadier perplexe nous présenta dans une prison, et l'on refusa de nous y recevoir. Nous errâmes longtemps à la recherche d'une geôle dans les rues désertes. Je me sentais mauvais juge pour apprécier le côté original de cette situation. Le brigadier finit par s'aventurer seul à la découverte. Il revint triomphant nous dire que mon compagnon allait au Chantier, et que M. Marceron refusant de me recevoir, j'irais, moi, à la Correction.

Le greffier, en remplissant les formalités d'usage, me demanda quel culte je professais.

— Je n'en professe aucun.

— Enfin, que dois-je inscrire?

— Inscrivez libre penseur.

— Mais ce n'est pas là une religion ?

— Alors, mettez bouddhiste!

Un gardien, muni d'un fanal, m'introduisit dans une chambre infecte, et se retira aussitôt. Un trait de lumière pâle avait jailli, en me laissant entrevoir une pièce de débarras. Un monceau de matelas l'encombrait. Je tâtonnai dans la nuit profonde, et, combattant mon dégoût, je m'étendis sur l'un d'eux.

Je pus voir au jour la saleté révoltante de ma prison. J'appelai un gardien et m'en plaignis.

— Votre passage ici est provisoire, me dit-il.

— La saleté n'a pas l'air de l'être, répliquai-je.

— Nous regorgeons de prisonniers.

— Est-ce une raison pour que cette chambre regorge d'ordures?

— Ce soir, vous irez ailleurs.

— Mais je demande que ces ordures y aillent avant moi?

Le gardien ferma brusquement mon guichet en maugréant. Malgré sa promesse, une nouvelle nuit s'écoula avant ma délivrance.

Je retrouvai à la Correction des compagnons de captivité. Un préau et deux salles basses nous réunissaient dans la journée. J'y connus des victimes de la guerre civile, condamnées à mort et fusillées longtemps après la lutte. Des monarchistes et des cléricaux militaires, s'arrogeant le rôle de juges, donnèrent de sang-froid l'ordre d'accomplir ces exécutions.

Ils invoquent sans doute leur conscience pour les justifier : ils se trompent. Leur conscience était l'instrument de leur haine qu'ils ont assouvie. L'œuvre accomplie par eux est une succession de meurtres, avec un appareil juridique. Leurs prisonniers ont été immolés, non par la justice régulière des peuples civilisés, mais par la main de cours prévôtales.

Je me liai là aussi avec Elisée Reclus, l'illustre géographe, qui est par surcroît un grand cœur et un républicain d'avant-garde; avec le docteur Edmond Goupil, dont les brillantes facultés sont servies par une parole éloquente; tous deux établirent des cours mis à la portée de braves travailleurs, à qui les dieux du moment faisaient des loisirs. Ce lieu servait de déversoir à tous les prisonniers voués à l'exil, à la réclusion, au bagne ou à la mort.

Des scènes déchirantes se déroulaient au parloir où les femmes venaient les visiter. Elles y jetaient quelquefois les derniers sanglots qu'ils dussent entendre, car ils apprenaient dans la nuit que l'aube luirait sur leurs corps troués de balles. C'est en attendant, comme sous le siége, pendant de longues heures, mais cette fois devant les avenues de « l'autorité militaire » — et toujours l'éternel papier! — qu'elles obtenaient cet autre pain, celui de la tendresse, dont leur cœur était affamé!

M. Follet, aumônier de la prison, professait, lui aussi, un cours; il enseignait la politique et l'infaillibilité du pape.

Sa chapelle était un atelier transformé pour la circonstance, et séparé de notre chambre par une grille qu'on démasquait. En vertu de la liberté de conscience, les prisonniers de droit commun étaient tenus de venir à la messe. Pleins de zèle musical, ils chantaient des chœurs : leurs poumons de bonne volonté y remplaçaient l'art.

Nous autres, nous avions le droit d'entendre ou de n'entendre point M. Follet. Nous prenions toujours ce dernier parti. Une fois, cependant, quelques-uns furent affriandés par des citations du dernier sermon. Nous grossîmes le troupeau, et je récoltai ceci :

« La valeur d'une opinion est mesurable sur la moralité de ses adeptes. On parle de la République! Or, je vous le demande, mes frères; avez-vous connu un honnête républicain? Quant à moi, je ne l'ai jamais trouvé. Parmi ceux qui m'écoutent, — ajouta-t-il en dirigeant ses foudres de notre côté, — s'il en est un seul qui nie mentalement ce que j'avance, qu'il se lève et ose l'avouer! »

Tout le monde resta muet, et M. Follet fut triomphant.

Un dimanche, un gardien me dit de le suivre. Quand nous eûmes franchi la porte extérieure, trois gendarmes et un agent m'entourèrent, et nous marchâmes ainsi, par un beau soleil de mars, jusqu'aux Ecuries. Je fus bientôt introduit dans le cabinet de M. Charrière capitaine rapporteur : mon instruction allait commencer.

En me voyant interrogé, moi, républicain, par un officier de l'Empire, je me demandai où il puisait sa compétence. Il venait de combattre pour soutenir une assemblée notoirement royaliste, comme il avait tué peut être au Deux-Décembre pour servir Louis Bonaparte.

M. Thiers, il est vrai, prétendait défendre la République : mais quelle garantie son opinion offrait-elle contre une majorité qui, à tout moment, pouvait le dépouiller de son pouvoir?

D'ailleurs, les auteurs du 18 Brumaire et du 2 Décembre avaient protesté, eux aussi, de leur amour pour la République; et leur masque était tombé sur ses ruines.

M. Thiers ne se poserait pas en prétendant, soit; mais ne deviendrait-il pas un Monck? M. Charrière croyait vainement remplir le rôle d'un juge en face d'un accusé : il ne représentait que la victoire monarchique en face de la défaite républicaine.

Mon dernier interrogatoire consista en une sorte de pantomime. Je trouvai à mon entrée quatre inconnus qui se levèrent en me voyant, et m'examinèrent avec soin. Je les regardai tour à tour d'un œil non moins curieux. Au bout de quelques minutes, ils firent des gestes qui signifiaient : « Ce n'est pas lui. » M. Charrière me dit alors en souriant : « Vous pouvez vous retirer. » Que me voulaient ces quatre personnages muets?

Je passai de la Correction dans une cellule à la « maison de justice ». On me renferma au n° 8, antérieurement habité par Rossel. Placé au rez-de-chaussée, j'entendais les mouvements confus du couloir, dont le seuil s'ouvrait aux visiteurs. Quelquefois même, quand un gardien négligeait de clore mon guichet, je voyais à la dérobée le profil fuyant d'un prisonnier ou la bayonnette de la sentinelle scintiller aux reflets du jour. Ces détails, que je recueillais avidement aux heures de lassitude, déchiraient un coin du rideau abaissé entre le monde et moi, et dépouillaient un peu ma cellule de son caractère sépulcral. Aussi j'éprouvai une déception quand mon gardien m'avisa qu'il me fallait la quitter.

— Pour aller où ? demandai-je.

— Au deuxième étage.

— Pourquoi ce changement ?

— Je n'en sais rien.

Evidemment, il le savait; mais soumis au règlement, il ne se croyait pas tenu de me le dire.

Mon déménagement se fit aussitôt, et je montai dans une nouvelle cellule plus étroite.

Pendant la nuit, j'entendis tout à coup le roulement pesant d'une voiture, puis, un bruit strident de serrures et de portes ouvertes et refermées.

Le matin, je réitérai ma question à un autre gardien, qui invoqua naturellement, comme le premier, son ignorance. J'insistai alors pour parler au brigadier.

— Il vous répondra comme moi, me dit l'homme en riant.

— Mais je veux l'entretenir d'autre chose.

— C'est différent.

Quand je fus en présence du brigadier :

— Je ne vous demande pas, lui dis-je, pourquoi on m'a enlevé de ma cellule. Je vous demande seulement si je peux y retourner.

— Comment donc! rien de plus simple, si vous y tenez.

Il donna les ordres nécessaires, et présida lui-même à ma réinstallation.

J'observai le lit : on l'avait refait, et la table portait un large et récent pâté d'encre.

Mes soupçons furent vérifiés plus tard. Un tombereau avait amené trois condamnés à mort; ils étaient entrés chacun dans une cellule; ils en étaient sortis pour remonter dans le même tombereau; alors, conduits à Satory, des balles avaient fait d'eux trois cadavres. Ces fusillés se nommaient : Aubry, Dalivoust et Saint-Omer. Je les connaissais. Le dernier avait reposé son corps sur mon lit avant d'être jeté dans la fosse, et il avait taché ma table d'un peu d'encre, avant de verser dans la terre une mare de son sang.

Ma cellule, au début, retentit fréquemment de coups donnés derrière ses murs ; mes voisins s'exerçaient ainsi au métier d'esprit frappeur ; je leur répondais le mieux possible ; mais, faute d'un alphabet convenu, cette correspondance exprimait la vie, non la pensée.

J'eus bientôt un autre genre d'entretien ; un commissaire du gouvernement vint me notifier ma comparution devant un conseil à la fois, paraît-il, de justice et de guerre. Je trouvai à peine le temps de conférer avec mon avocat et ami Dupont (de Bussac). Les conseils le détestaient, à titre surtout de constituant de 48 ; raison, au contraire, pour que je le choisisse.

Je ne m'étendrai pas sur mon procès qui, comme les autres, a reçu de la publicité. On y verrait présider un lieutenant-colonel de hussards ; on admirerait ses sympathies républicaines, son impartialité touchante qui lui mettait sans cesse aux lèvres ces paroles : « Occupez-vous des faits qui vous sont personnels ; je vous défends de parler politique ! » On apprendrait à aimer M. Chrétien, mon accusateur, dont le réquisitoire, sans ressemblance avec l'Évangile, concluait en demandant ma tête. Il ne put l'obtenir, parce que j'eus la minorité de faveur, et il dut se contenter des travaux forcés à perpétuité : sans doute M. Gaillard, qui vint un moment à l'ouverture des débats, ne désirait pas davantage ; et je ne supposerai pas que son entretien mystérieux avec le président eût pour but de réchauffer un zèle trop languissant.

Je restai encore quelques mois dans ma cellule, où,

futur galérien, je pensais surtout aux têtes chéries que
ma condamnation couvrait de mon deuil.

Je me perdais dans ce chaos contradictoire aux jours
de malheur chez ceux qui voudraient n'avoir personne
à désespérer, en même temps qu'ils ne pourraient pas
renoncer à la consolation de se sentir aimés !

La Correction s'ouvrit de nouveau devant moi. J'y
passai l'automne, sous la menace incessante d'un départ
pour le bagne de Toulon. Dupont (de Bussac), ami de
vieille date de Victor Lefranc, alors ministre, avait obtenu de lui mon maintien provisoire à Versailles ; mais
nous ignorions quelle serait la durée de ce provisoire.
Le portefeuille de l'intérieur étant tombé aux mains de
M. de Goulard, mon sort fut aussitôt décidé.

IV

Noailles venait de verser à la Correction une quin-
zaine de condamnés, comme moi, aux travaux forcés.
Un gardien nous enferma ensemble dans une salle; des
vêtements de prisonniers y étaient amoncelés; nous
dûmes les revêtir, et ceux d'entre nous qui avaient
quelque part des tendresses dans l'angoisse, trouvèrent
à peine le temps de leur jeter un dernier adieu. Pendant
que je remplissais ce dernier devoir, et que, sous la
veste et le béret gris, je faisais courir fiévreusement ma
plume, la musique de la présidence, située en face,
m'assourdissait de ses cuivres.

On fêtait M. Thiers, je ne sais à quel propos. Etrange contraste! l'échec du 4 Septembre l'eût condamné avec nous, tandis que le succès couronnait le royaliste de l'auréole républicaine, et les républicains du bonnet du forçat!

Accouplés par les mains, nous fûmes entassés dans la voiture à compartiments du « fondé de pouvoirs. » Ce nom désigne l'homme chargé du transport des condamnés de prison à prison, ou, comme on le voit, de la prison au bagne. Quelques-uns, ne pouvant trouver place, restèrent debout, en courbant le dos. Ce véhicule à chiourme roula dans Paris jusqu'à la gare de Lyon. A la lueur du gaz, je reconnus des amis parmi les passants. Le hasard nous épargna la vue d'une femme, d'une mère ou d'une fille.

Nouveau transfèrement. Nous entrâmes dans un long wagon, dont le milieu longitudinal est bordé de cellules : celles-ci destinées aux condamnés; celui-là occupé par le fondé de pouvoirs assisté d'un aide. Nous fûmes « bouclés » chacun dans ces cages dont les parois pressent le corps. Les genoux s'y ankylosent dans une immobilité forcée. En hiver, on y suffoque et on y gèle à la fois. Le fondé de pouvoirs ouvrait et fermait à sa guise le guichet de ces boîtes. Aux stations, la clôture était de rigueur.

Cette épreuve infligée à nos membres et à nos poumons, dura trois jours. A Vesoul, la prison hospitalière nous reçut pour une nuit. On avait ramassé en chemin quatre voleurs ou assassins, plus un frère de la doctrine chrétienne : ils furent confondus avec nous.

On devine le crime du dernier. Sa face abjecte souriait à ses compagnons, surtout au plus jeune.

2

Garrottés de nouveau, nous traversâmes pêle-mêle la ville à pied; le poignet de l'un des voleurs était enchaîné au mien. Des spectateurs en riant s'arrêtaient devant notre défilé.

Au chemin de fer, nous rentrâmes dans nos trous. Je me laissais bercer au bruit et au mouvement des wagons, en m'efforçant de chasser la fièvre qui voulait m'envahir. Les heures de ce jour et du lendemain s'écoulèrent ainsi. Le fondé de pouvoirs devint de plus en plus accommodant : j'eus la clef de sa conduite.

Nous touchions presque à la gare de Toulon, lorsqu'il nous enjoignit de quitter tout ce qui n'était pas « d'ordonnance. » Il nous représenta que tous les paquets introduits dans le bagne, au lieu d'être renvoyés à nos familles, comme nous le pensions, seraient brûlés. Ne valait-il pas mieux qu'il en profitât, dit-il, puisque nous étions contents de lui ? On se rendit généralement à cette logique spécieuse, et les vêtements emportés pour combattre le froid pendant le voyage lui furent donnés en partie.

Nous descendîmes du wagon cellulaire, et nous arrivâmes à l'arsenal. Nous avions fourré nos pieds nus dans je ne sais quelles guenilles en toile, — j'en perdis une en route! — substituées à nos chaussettes et à nos chaussures. Des gavroches nous suivaient en criant : « Donnez-nous vos paquets ! ça sera brûlé ! »

V

C'était le 21 décembre, au crépuscule. Nous marchions sous une pluie fine et sur la terre glissante, et nous parvînmes ainsi à l'un des bagnes.

En entrant, je ne vis d'abord qu'un miroitement de couleurs rouges, jaunes et vertes ; je n'entendis qu'un bruit singulier, semblable au craquement d'un monceau de tessons remués. La couleur rouge flamboyait sur des casaques ; la couleur jaune reluisait sur des pantalons ; la couleur verte couvrait des bonnets, quand ils n'étaient pas rouges aussi, pour désigner les galériens à temps.

Le bruit provenait de l'agitation des chaînes, dont les maillons s'élevaient de la cheville jusqu'à la ceinture, en recevant le choc incessant de l'extrémité qui pendait. Mes yeux se portèrent ensuite sur l'endroit qui contenait cette légion damnée. Une longue salle dont le bout le plus éloigné de moi se perdait dans l'ombre ; au milieu, dans toute la longueur, deux rangées de lits de camp séparés par une cloison basse ; des baquets ignobles espacés le long des murs ; une grille servant de porte : voilà tout. Cadre banal d'un tableau terrible.

La chiourme ramassée en foule se pressait en face de nous ; les lits de camp nous séparaient. Je l'entendais murmurer : « Communards ! » nom stupide substitué par l'esprit de parti au nom véritable : « républicain. » La bestialité s'étalait en souveraine sur la plupart de ces faces flétries par tous les vices. La grandeur morale, illumination interne qui jette au-dehors ses reflets sympathiques, était vaincue par l'infamie. L'énergie grossière exprimée par quelques-unes était celle du tigre inconscient. Le plus grand nombre trahissait une ruse au service de passions détestables. Le milieu respiré par leur enfance, ou traversé plus tard par leur esprit, pouvait dire : ces créatures sont mon œuvre !

— Par ici ! nous cria la voix brutale d'un garde-chiourme.

Les gardes-chiourme des bagnes de France, maintenant supprimés, étaient des soldats qui acceptaient un poste généralement méprisé, en échange d'une augmentation de paie insignifiante. Ils se savaient haïs des forçats, et ils les haïssaient autant. Mais la haine était égale, non les moyens de combat ; ils possédaient cet avantage que la leur pouvait fructifier. Celui qui nous avait appelés gardait particulièrement rancune à autrui, parce qu'il était rabougri et cacochyme. Il nous dit en montrant une cuve :

Lavez-vous.

La coutume du bagne imposait aux nouveaux venus ce bain dit de propreté. Cérémonie fallacieuse, puisque l'eau écœurante en usage était propre seulement à salir.

Chacun se mit tout nu, et attendit son tour de se plonger dans cet égout.

L'épreuve faite, on nous jeta les guenilles du bagne. Quelques-uns reçurent une livrée toute neuve. C'était une loterie. J'eus pour ma part de hideuses loques souillées par les corps de dix forçats. Combien de Du-

molards avaient versé là leur sueur d'assassin? Je mis le
pantalon jaune ouvert sur les côtés pour laisser passer
la chaîne. La double rangée de boutons avait presque
disparu, et je le crus d'abord déchiré. J'endossai la casaque rouge aux manches effiloquées, jaune et rouge
couverts d'une crasse épaisse, et bigarrée de rapié-
çages.

Je coiffai le bonnet vert exhibant une plaque portant
un numéro. Mais la plaque, décousue et ballottante,
semblait protester contre cette indignité. Ensemble sinistre et grotesque, provoquant un dégoût doublé d'un rire
malsain; défroque de scélérat et de pitre. Certains forçats, les élégants du bagne, ornementaient l'horrible; on
les trouvait surtout parmi les gratte-papier des bu-
reaux. Ils laissaient leur casaque ouverte, et la pliaient
en revers sur leur poitrine; ils inclinaient crânement
leur bonnet sur l'oreille, leurs souliers reluisaient
comme du vernis; enfin, dernier trait qui éclaire des
abîmes chez l'homme, ils polissaient leur chaîne.

Nos cheveux et notre barbe devaient être sacrifiés :
le barbier-galérien apparut. Ses abonnés avaient droit à
un rasoir « choisi »; les récalcitrants étaient soumis au
rasoir dit de punition. Je m'empressai de m'inscrire
parmi les abonnés. Nous sortîmes de ses mains avec le
visage nu, et presque aussi le crâne. En effet, non seulement nos cheveux étaient tondus ras, mais des sillons
transversaux parallèles découvraient la peau. Cette ton-
sure infamante, comme la marque sur l'épaule, visait à
retrouver facilement les évadés.

— C'est d'main qu'tu seras ferré, il est trop tard aujourd'hui, me dit l'homme en partant.

2.

Les « services intérieurs » remplissaient les fonctions de garçons de salle. Ils étaient généralement haïs et méprisés par la chiourme, qui les considérait comme des *vaches* (délateurs).

Le sergent des gardes-chiourme apparut à la grille.

— A coucher! beugla-t-il d'une voix impérative.

— Nous montâmes aussitôt sur le lit de camp et déployâmes nos couvertures.

— Au ramas! reprit-il.

Le tintamarre de deux cents chaînes lancées brusquement de la ceinture sur le lit de camp répercuta un chaos intraduisible sur aucune portée. Un garde-chiourme saisit le dernier anneau de chaque chaîne, l'engagea et le fit glisser autour d'une tringle mobile fixée au bord du lit. Le forçat, ainsi attaché par la patte, ne pouvait marcher que jusqu'à son baquet.

Le sergent donna un long coup de sifflet.

— Silence partout, mugit-il une troisième fois.

A cet ordre, les voix s'éteignirent, les jurons rentrèrent dans la gorge, les lazzis moururent sur les lèvres, car le forçat est aussi jovial. Malheur à celui qui eût chuchoté une parole entendue par le garde-chiourme de veillée : son bonnet était pris aussitôt, on mentionnait son numéro et le cachot l'attendait.

Je m'enveloppai dans ma couverture, et sentis le souffle de mon voisin de droite. Je regardai son visage et reconnus l'un des voleurs ramassés pendant notre trajet.

Je me retournai vers mon voisin de gauche ; c'était l'assassin. Alors, en proie à la fièvre, je me plaçai sur

le dos, et je fermai les yeux en évoquant les images des
êtres qui me chérissaient et me respectaient.

Au point du jour, le troupeau, avec son bariolage de
couleurs et son cliquetis de chaînes, défila devant moi en
se rendant à la « fatigue ».

L'heure avait sonné d'être ferrés à notre tour.

— A la forge, cria un garde-chiourme.

Il nous mit en rang, deux par deux, et nous parvînmes
dans l'antre. C'était une forge ordinaire, sauf qu'on y
ferrait à la fois les chevaux et les hommes.

Un de nous fut désigné. Un aide lui montra un esca-
beau en lui disant :

— Mets ta poitrine là-dessus.

L'ordre exécuté, l'aide reprit :

— La gauche, ou la droite ?

— La gauche, répondit le patient.

L'aide lui enleva la jambe gauche, la droite traînant
par terre. Un autre aide, portant une *manille* (anneau
de fer), fixée au bout d'une longue chaîne, la lui mit autour de la cheville.

Il s'agissait de la river. Le forgeron se présenta, frappa
un coup de marteau, puis deux, puis autant qu'il en fallait pour que sa besogne, inconnue à Vulcain, fût
faite.

Le patient se remit sur ses pieds, et rentra dans les
rangs en traînant sa chaîne : il était ferré.

Une dizaine lui succédèrent, et mon tour vint.

La même question me fut adressée par le premier
aide ; la même opération eut lieu.

Je comptai soixante-trois coups pour ma part. Ce grand
nombre se comprend parce que le forgeron rive à froid,

et qu'il est gêné dans le maniement du marteau, dont le moindre écart briserait la cheville du patient.

Le garde-chiourme nous ramena dans la salle.

— J'te vends une ceinture, me dit un forçat qui n'était pas à la fatigue.

— Je n'en ai pas besoin.

— Zut alors! tu crois que ton *grimpant* (pantalon) et ta *sonnante* (chaîne) tiendront tout seuls?

— C'est juste. Combien la vendez-vous?

— Dix *fléchards.*

Je lui comptai dix sous, et mis la ceinture munie d'un crochet auquel je suspendis un des maillons de ma chaîne.

Le forçat reprit :

— T'as besoin aussi d'une *pattarasse ?*

Je me fis expliquer que la pattarasse est un morceau de linge ou de cuir servant de tampon entre la manille et la peau.

J'en fis l'acquisition, et ma livrée de forçat avec les accessoires fut complète.

Nous possédions encore quelques habits civils: un garde-chiourme les fit enlever. Comme plusieurs d'entre nous alléguèrent leur droit de les renvoyer à leur famille:

— Des nippes pareilles? ça regarde l'administration.

Il y avait là un abus, entouré comme beaucoup d'autres, d'un mystère suspect.

Nous fûmes conduits dans un lieu où l'on devait prendre notre signalement; tout nus, nous fûmes soumis à une inspection minutieuse. L'adjudant chargé de ce soin me décocha l'épigramme suivante. Il m'avait de-

mandé ma profession, et j'avais répondu : journaliste.
Suivant la formule, il ajouta :

— Savez-vous lire?

En sortant, j'appris qu'on nous menait au bagne n° 5,
où étaient réunis exclusivement des condamnés de la
Commune. En effet, je trouvai là quelques connaissan-
ces faites déjà dans les prisons, outre d'autres camarades,
honnêtes travailleurs, pères de famille, pour la plupart;
nous formions un total de soixante-quinze environ.

Notre isolement de la chiourme était récent. On avait
infligé aux premiers arrivants, parmi les nôtres, notam-
ment aux condamnés militaires de Narbonne, l'affront
de se voir confondus avec elle. On les avait accouplés à
des scélérats qui leur ouvraient les arcanes du vol et de
l'assassinat. Ils allaient ainsi à la fatigue, en portant sur
l'épaule des gueuses (barres en fonte), qui pesaient jusqu'à cent livres. Mais les ouvriers de l'arsenal trouvaient
moyen de communiquer avec eux.

Le comité républicain de Toulon avait noué des rela-
tions secrètes avec leurs gardiens; il comptait des agents
républicains parmi les gardes-chiourme et jusque dans
le corps des adjudants, et faisait passer de l'argent, des
vivres et des écrits. Une partie de la ville trempait dans
cette conspiration, et marquait de toutes manières ses
sympathies pour les forçats politiques. L'administration
jugeant cette situation intolérable et craignant les
évasions, prit le parti d'affecter une salle spéciale aux
condamnés de la Commune, de les y confiner en les
dispensant du travail, et de changer les geôliers suspects.

Voilà pourquoi nous étions isolés.

On me donnait ces détails lorsque je vis des seaux pleins d'une bourbe fumante.

On venait d'apporter les gourganes, seule pâture des forçats pauvres. Les favorisés, qui possédaient de l'argent de travail ou de famille, achetaient des rebuts de charcuterie, de triperie, de figues sèches, etc., fournis par un cantinier qui débitait sa marchandise à la grille.

Poux, punaises, puces et mouches nous dévoraient, et j'allai à la visite pour obtenir un bain. On attendait l'arrivée du médecin dans un lieu étroit et infecté par les malades vrais ou simulés qui l'encombraient. Entassés par trois ou quatre rangées sur le lit de camp, ils étalaient leurs plaies. Des Arabes se trouvaient parmi eux. Le reste de la chiourme se pressait dans cette salle tristement pittoresque, et qu'on décorait du nom d'ambulance en y abritant les refusés de l'hôpital.

Un vieux récidiviste à manche jaune m'interrogea sur ma maladie.

— Je ne suis pas malade, j'ai besoin d'un bain.

Il ricana et me dit dans son style que je serais puni de n'être pas malade.

Un autre forçat, un adolescent, me demanda :

— Pourquoi q't'es-t-au *dur* (bagne)?

— Pourquoi y es-tu toi-même?

Il m'expliqua que, la nuit, voulant *dégringoler un poivrot* (dévaliser un homme ivre), il l'avait *fait aux gambettes* (saisi par les jambes); que le *gonse* (l'homme) *s'avait déglingué la poire* (s'était fracassé le visage), et que la *rousse* (police) *l'avait emballé* avec sa blouse tachée par le *raisiné du pantriot* (sang de la victime).

Une sorte de houle se dessina parmi nous. Le médecin arrivait. Il ouvrit immédiatement la visite dans un cabinet voisin.

Quand mon tour fut venu :

— Qu'avez-vous? me dit-il sans lever les yeux et en continuant d'écrire.

Je répondis comme je l'avais fait au vieux forçat.

Il me regarda d'un air stupéfait, réfléchit un moment, et me demanda :

— Vous êtes de la Commune?

— Oui.

— Eh bien, ne revenez que si vous êtes malade.

L'épreuve était faite : je n'avais pas de cachot; mais je n'avais pas de bain.

Deux fois par jour, nous « prenions l'air » dans une cour étranglée en boyau. Nous marchions deux par deux, « en queue de cervelas. » Une porte du bazar, formant le fond de cette longue ruelle, recevait quelquefois du public groupé là pour nous entrevoir. Amis, ennemis et simples curieux s'y confondaient comme à Versailles. Le commissaire des chiourmes passait souvent à l'heure de notre sortie. Il fallait se ranger devant lui, la tête découverte. Je m'étonnais qu'un homme ayant, je suppose, quelque culture, ne rougît pas de cette scène, et ne choisît pas son temps pour s'épargner un rôle au moins ridicule, s'il ne le jugeait pas déplorable.

Il partageait, du reste, l'honneur de cet hommage imposé, en admettant l'honneur, avec de simples gardes-chiourme. Nous défilions devant eux avec le bonnet bas; ils y pratiquaient souvent des fouilles, ainsi que sur notre personne. Luxe de précautions, puisque, placés près de nous, ils ne nous avaient pas perdus de vue. Les fouilles composaient même le baromètre de leur humeur. Légères au beau fixe, elles devenaient brutales quand la tempête se déchaînait contre nous.

Si ces simples mortels surveillaient de près notre corps, l'aumônier laissait flotter notre âme à la dérive. Il avait bien essayé d'abord de lui imprimer un cours orthodoxe; mais sa ferveur se heurtant à des résistances, il s'était vite lassé de son œuvre pieuse. Peut-être aussi ses procédés s'écartaient-ils un peu de l'onction évangelique. On en jugera.

Avant mon arrivée, il était entré un jour dans la salle, et très animé. Quelques ah! ironiques furent poussés, parce que, dans une espèce de sermon, il avait traité les condamnés politiques de bêtes à digestion, de machines à broyer. Il bondit sur le lit de camp, gesticula télégraphiquement, et les menaça de la corde; ils crurent qu'il allait boxer.

— Si le respéct humain ne m'arrêtait, dit-il en mettant successivement son poing remarquable sous deux nez.

Il répandit des invectives contre le *Progrès du Var*, et finit par appeler le chef de poste.

Une réponse trop verte eût pu être fort dangereuse. Je parle sérieusement, car je fais allusion au supplice de la corde. Trois grosseurs, suivant la gravité des infractions, étaient en usage; la moindre avait l'épaisseur de deux doigts. Le correcteur frappait entre les omoplates. Le patient meurtri, transporté à l'hôpital, y languissait jusqu'à sa guérison — ou sa mort, quand sa colonne vertébrale était brisée.

Ce représentant de l'Eglise possédait un digne acolyte : l'adjudant de notre bagne. Celui-ci nous vouait une haine très basse, à la hauteur de son poste. A l'entendre, nous étions bien à notre place. D'où il demeure incontestable qu'il était bien à la sienne.

La première lettre que je reçus de ma famille portait ces mots : « condamné politique », ajoutés à mon nom. Il me déclara se refuser à me la livrer.

— Je promets d'écrire aux miens, objectai-je, pour que cette violation involontaire du règlement ne se renouvelle plus; mais au moins, je désire connaître le contenu.

Il m'opposa un refus très sec, écho de sa satisfaction ; il méritait assurément la confiance de ses chefs.

Trois mois s'étaient écoulés depuis mon arrivée au bagne.

On nous annonça notre « mise en salle », c'est-à-dire qu'avant de traverser l'Océan, soupe et bœuf remplaceraient les gourganes, pendant une durée de huit à quinze jours. Cette hygiène me rappela le régime des condamnés à mort, à leurs derniers jours.

La veille de notre débarquement, on nous déferra — pour nous referrer. La pesante manille et la chaîne disparurent; on y substitua un anneau de fer plus petit, destiné à cercler notre cheville pendant la traversée. Comme les esclaves agricoles antiques, nous formions une « race ferrée ». On nous mena le lendemain sur un ponton servant de bagne. Pêle-mêle avec les voleurs et les assassins, nous y dépouillâmes la livrée classique du forçat pour revêtir un uniforme de prisonnier.

Nous sortîmes un par un, à l'appel de nos noms. Un

3

adjudant se tenait en haut de l'escalier que nous avions à gravir. A mon passage, il me serra la main à la dérobée, en chuchotant :

— Je suis du comité républicain : courage ! à bientôt !

— Vive la République ! murmurai-je à mon tour; et ma main répondit énergiquement à sa pression qui me fit du bien.

Ce « bientôt » devait durer sept années.

VI

Des chalands se balançant sur les flots bleus nous reçurent à la vive lumière d'un ciel du Midi. Je découvris au loin les formes confuses de groupes stationnant sur le quai. Mais, tout près de moi, je voyais trop clairement l'odieuse réalité. Au-dessus de l'océan, il y en avait comme un autre tout plein de têtes bestiales, et je m'y trouvais noyé. Déjà l'argot du crime sonnait à mes oreilles en propos cyniques. La question, tant controversée parmi nous, se trouvait résolue. Le gouvernement n'avait pas donné d'ordres pour nous distinguer des « grinches » et des « escarpes. » Peut-être, pensai-je, la confusion va-t-elle cesser à bord de la *Loire ?*

En attendant, nous gouvernions sur cet ancien navire de guerre, déployant sa puissante voilure, et qui servait maintenant de transport à chiourme. Nous nous

en barquâmes, et l'infamie du pêle-mêle se continua sur
le bagne flottant. Nous fûmes entassés par numéros ma-
tricules dans des compartiments fermés par des grilles,
et chacun de ces compartiments portait le nom de bagne. Nous vîmes poster des factionnaires de l'infanterie
de marine chargés de nous surveiller.

Notre grand nombre me fit juger tout de suite que la
moitié seulement d'entre nous pourrait prendre place
dans les hamacs pendant la nuit. En effet, on régla que
nous alternerions dans la jouissance de cette « faveur. »
Nous fûmes distribués par « plats » de dix condamnés.
Trois forçats politiques seulement, moi compris, entrè-
rent dans le groupe dont je fis partie. Nous accrochâmes
ou nous déposâmes par terre, où nous le pûmes, nos
sacs et nos hamacs amoncelés.

Un grand mouvement régnait dans l'entrepont bordé
par nos grilles. C'était un fourmillement perpétuel et un
bruit de voix de matelots, de soldats, de gardes-
chiourme, de colons libres et de familles de déportés.
Chacun faisait effort pour se caser le moins mal possible
dans le chaos. Il y avait là un mélange indicible de misères, de vices et de blessures qui allaient à six mille
lieues chercher un pansement à leurs souffrances. Ajoutez
à l'orchestre humain le mugissement des bœufs, le bêle-
ment des moutons, le grognement des porcs.

Le vaisseau se mit en branle et refoula les premiers
flots qui s'opposaient au voyage infernal.

Deux questions fort importantes se posaient au début
pour nous, condamnés de la Commune.

D'abord, quel homme était le commandant de la
Loire? Humain ou cruel? Voltairien ou clérical? Répu-

blicain ou monarchiste? Quels sentiments lui inspirions-
nous? Il exerçait sur nous la souveraineté d'un maître
sur sa chose, et tous les maîtres intermédiaires, jusqu'au
dernier surveillant, se modèleraient sur lui.

Des forçats, anciens matelots, nous apprirent que
M. Lapierre était particulièrement connu pour sa bar-
barie. A bord de la *Sémiramis*, il avait fait placer deux
hommes sur des chaudières, et ils étaient morts de leurs
blessures. Alors capitaine de vaisseau, on l'avait fait ré-
trograder au rang de capitaine de frégate. Lui-même
se glorifiait de sa cruauté en l'assimilant sans doute à
l'énergie. On l'entendait souvent faire ce calembour sinistre : Je me nomme Lapierre, et mon cœur est dur
comme la pierre.

Quant à son voltairianisme, nous sûmes qu'on le
voyait presque toujours à l'ombre de la robe noire de
l'aumônier, et que son républicanisme valait celui de
ce prêtre. Il devait passer dans notre bagne comme
dans les autres, et nous l'attendîmes en rang, dans l'attitude militaire. Il vint, suivi de son état-major. Son
visage, très rougeaud, était brutal et de la dernière vul-
garité. Il nous fit un speech menaçant, prononcé d'une
voix traînante; il nous promit d'être sans pitié pour
la première infraction à la discipline; mais il nous
épargna le calembour.

Le chef des gardes-chiourme, élevés à la hauteur de
surveillants, vint après lui, le cure-dents à la bouche.
Il répéta, dans un français trop libre, les menaces de
son supérieur.

Il nous déclara que nous étions « tous » des gueux;
et que si des rixes éclataient dans notre bagne, il nous

laisserait volontiers nous entretuer, attendu que la société gagnerait à notre anéantissement.

Voilà pour le commandant.

Ensuite, quelle attitude nos nouveaux compagnons allaient-ils avoir?

Verraient-ils en nous des alliés ou des ennemis?

Nous étions enfermés avec eux dans une cage, et dans la proportion d'un à sept.

Si des scènes brutales se produisaient, nous ne pouvions compter, on vient de le voir, sur l'intervention des surveillants. Nous eût-elle été accordée, d'ailleurs, que nous aurions commis une grande imprudence en la requérant. Dans le monde où nous étions plongés, en effet, celui qui a recours à un agent officiel quelconque, est tenu pour un traître. Il est mis immédiatement à l'index et classé parmi les *bourriques* (délateurs). Comme tel, il est hors la loi du bagne. Sa *galette* (argent) et sa *cafetière* (tête) appartiennent à tous.

Le premier venu peut l'*estourbir* (le tuer). Il s'agit seulement d'agir en *père sondeur* (homme circonspect), et de ne pas faire *boucler la lourde* (fermer la porte de la prison) derrière soi. Et ce raisonnement se comprend. Une ligue antisociale ne peut subsister qu'à la condition de tenir ses opérations secrètes; et si ses membres cherchent un appui en dehors d'elle, et parmi les représentants de la loi, même au degré le plus infime, ils désertent leur drapeau, font pénétrer l'ennemi dans la place. Tout doit se régler entre eux, selon la loi du plus fort ou du plus-scélérat.

Nous vîmes bientôt heureusement que leur attitude n'avait rien d'hostile : ils daignaient nous accepter sur le pied d'une parfaite égalité. Il y eut des dissidents en petit nombre, dans un sens ou dans l'autre. Ceux-ci nous marquaient la déférence qu'ils croyaient due à des forçats d'un genre singulier; ceux-là grognaient contre des *pantres* (ni voleurs, ni assassins) qui, disaient-ils, restaient malgré tout, leurs ennemis déguisés. Mais la peur des *megs aux gros bras* (les gaillards les plus redoutés) qui donnaient le t(n, réprima promptement tous écarts.

J'eus la curiosité de savoir quels crimes avaient commis quelques-uns de mes « camarades de plat ». Après les transitions obligatoires, je pus recueillir les informations suivantes :

— *J' travaillais à la dure*, me dit le premier.

— Ce qui signifie?

Mon interlocuteur fit un haussement d'épaules dédaigneux.

— *J' m'amène devant un pantriot*, quoi! j' lui dis: Donne-moi ton *bobino* (montre), ton *poignon* (argent). S'il les a *foies blancs*, *j'dégringole* (vol?) jusqu'à son *alpéguc* (paletot). S'il fait *l'craneur*, j' le r'froidis avec mon *lingue* (couteau).

— Moi, j' les f'sais au *père François*, me dit le deuxième. .

C'est la nuit. Un homme passe dans un quartier désert. Deux bandits au moins se glissent derrière lui. L'un lui jette au cou une courroie, se retourne et retient sur son dos la victime suffoquée; l'autre, aussitôt, le fouille. Quelquefois, ils laissent un cadavre, quelquefois un corps qui revient à la vie. Cela dépend des circonstances, de l'humeur, de l'inspiration du moment.

— Moi, j' travaillais au *poivriot* (ivrogne), me dit le

troisième. Que'q'fois, j' trouvais tout l' *gâteau* (argent)
d'un *marquet* (mois) dans les *profondes* (poches);
que'q'fois, i' n' restait pas un *linvé* (franc). Quel affront!
au moins je m' vengeais sur l' *pantre* en lui *enflant*
l' mou (faisant enfler le visage par des coups).

— Moi, j' donnais dans les *cassements* (effractions), me
dit le quatrième. Un jour, j' *fais une condition* (je vole
quelque part). J' croyais qu'il n'y avait pas un *greffier*
(chat) dans la *plaule* (maison). Quoi q'je r'*châsse* (vois)
dans l' *pieu* (lit)? Un vieux qui *roupillait*. J'ôte mes
carapatants (souliers), j' retiens mon *soufflet*, je m' *trotte*
vers le *pagne* (lit), et j' prends l' *tuyau* (gorge) du vieux
dans mes *pinces* (doigts). Il ouvre ses *châsses* (yeux). Tu
penses quelle *poire* (figure) i' fait en m' *reluquant!* J'
croyais que l' tremblement allait lui *faire rendre sa cuiller*
(allait le faire mourir).

C'est pas tout ça, que j' lui dis, *écarquille tes es-*
gourdes (ouvre les oreilles). Si tu veux *pousser une*
goualante (crier), j' te *lingue* (tue). Pauv' vieux! n'y avait
pas *plan* (moyen) qu'il *ouvre sa boîte* (parlât): il était à
moitié *calanché* (mort). J' passe au bureau, et j'ouvre le
truc. V'là q' *j'éclaire* (vois) trois *fafs* (billets de banque),
trois *milets* (trois mille francs), sans compter une pile de
roues de derrière (pièces de cinq francs), des *larantequem*
(pièces de deux francs) et des *sigues* (dix sous). *J' m'en-*
file toute la braise dans mes baguenaudes (je mets tout
l'argent dans mes poches), *j' pince la toquante en jonc* (la
montre en or); je m' souviens qu'é *décrochait dix plombes*
et dix broquilles (marquait six heures dix minutes).

Avant d' *m'esbigner*, j' fais l' vieux encore à l'*épatage*,
et j' *joue des cliquettes* (je me sauve). J' pouvais l' piquer

avec mon *charlemagne* (couteau), hein? Eh bien, croirais-tu qu'la *vache s'est mise à table* (le délateur m'a dénoncé)? Pendant la *sorgue* (nuit), la rousse *m'a l'vé dans un claque-dents* (la police m'a pris dans un lupanar). Soyez donc p'tit manteau bleu! Aussi, un autre coup... Vois-tu, n'y a q' les morts qui n'*jaspinent pas* (ne bavardent pas).

— A combien avez-vous été condamné, lui demandai-je, malgré votre bienfaisance?

— A vingt *berges* (ans); ça *s' tire* (se fait) tout d' même.

Je souhaitai intérieurement que cet homme bienfaisant ne pût jamais pratiquer en liberté sa nouvelle théorie.

— Moi, j' *faisais l' dos vert* (souteneur de filles publiques), dit le cinquième. Sans m' vanter, j'étais un *rupin* (monsieur). *Ma cafetière allumait les Louis quinze* (mon visage charmait les femmes). On m' prenait pour un mylord, et j'*envoyais bien mes boniments.* Fallait m' voir quand on n' m'avait pas *rogné les douilles* (coupé les cheveux), et q' j' faisais pousser *mes plumes sous mon piton* (ma barbe sous le nez). J'avais un jeu d' *dominos complet* (toutes mes dents) ; j' portais une *riquinquette* (redingote), un *alpègue*, une *limace* (chemise) et un *galurin* (chapeau), premier numéro. Une fois, j'avais *filé la comète* (passé la nuit) à *flancher* (jouer); j' m'étais *enfilé pas mal d' croquemole et d' pive dans l' col* (j'avais bu beaucoup d'eau-de-vie et de vin). Mon *linge était à cran* (ma femme était en colère) et veut *crâner.* Ma foi, j' lui *déglingue un glassis dans un d' ses sabords* (je lui brise un verre dans l'œil). I' m'ont envoyé au *dur* (bagne) pour c' coup d' promptitude. Tas d' *casse-t-roles* (révélateurs), va!

M. Lapierre, commandant de la *Loire*, faisait régulièrement des inspections dans les quatre bagnes. Les forçats formaient son armée; il les passait en revue, et ils devaient se tenir debout devant lui, dans une attitude militaire. Cet homme paraissait fier de sa souveraineté sur son personnel; le chef des gardes-chiourme, le nommé Petit lui servait de second.

Nous étions arrivés en vue de Dakar. M. Lapierre, à ma grande surprise, m'interpella, me dit « que je voulais me faire chef de bande, et qu'il me ferait fusiller sans pitié. » Je fus surpris, non pas qu'il désirât me faire fusiller : ce désir me parut fort naturel chez un clérical dont le renom de cruauté était bien établi; mais m'accuser de vouloir être chef de bande ne me sembla pas faire honneur à son imagination.

Sans atteindre à la force de M. Ponson du Terrail, il aurait pu trouver mieux. Je vivais le plus possible dans l'isolement; je le rompais seulement pour me livrer à une horrible étude de mœurs. J'évitais toute familiarité avec des scélérats qui me remplissaient d'horreur. Mes allures établissaient entre ces malheureux et moi une ligne de démarcation infranchissable.

Comment donc aurais-je joué le rôle d'un Cartouche? Je crois qu'ils eussent ri à se tordre, si j'avais affiché une pareille prétention. D'ailleurs, où était le délit saisissable? Chef d'une bande imaginaire qui ne commet pas de délit ; voilà un crime non prévu par le Code.

Deux autres condamnés de la Commune reçurent le même avertissement.

L'oisiveté ou les corvées dévoraient les heures mortelles du jour. C'était le lavage interminable du bagne; et mal-

3.

heur aux inexpérimentés honnis par les artistes fiers de leur talent; — c'était le blanchissage du linge où les coudes se choquaient, où chacun disputait une eau et un espace problématiques, et où les brutes se taillaient la part du lion; — c'était le mouvement perpétuel dans l'entassement, le corps secoué incessamment par les soubresauts du navire, le risque des chutes en transportant les victuailles.

La nuit, c'était pour moi, qui renonçais à un lit trop aérien, le plancher couvert d'eau et la couverture humide pendant des semaines; car la mer embarquait fréquemment par les fissures de mon sabord, qui ne fut jamais réparé; c'était le grincement rhythmique d'un plafond mouvant de hamacs, aux lueurs intermittentes des falots de ronde promenés lugubrement derrière les barreaux.

Puis, c'étaient les fouilles, — désir aigu de persécution ou accès de fièvre qui saisissaient MM. Lapierre et Petit. Ils prétextaient la recherche des « armes » ou des « écrits séditieux. » Sortie générale. Au retour, les sacs vidés, les choses amoncelées pêle-mêle, on s'agenouillait pour les retrouver au milieu d'un croisement bruyant d'épithètes furieuses. Quelquefois, la fouille ne s'arrêtait pas là. On nous faisait mettre nus sur le pont, balayé par une bise glaciale, et les gardes-chiourme visitaient nos vêtements.

Nous étions secoués depuis trois mois environ dans ce bagne flottant. Les misères endurées avaient multiplié les cas de scorbut et de dyssenterie. L'emplacement dérisoire de ce qu'on nommait pompeusement « l'infirmerie » ne s'ouvrait qu'à quelques passagers. On fut obligé d'instal-

ler un hôpital dans chacun des six bagnes, en tendant
les hamacs des souffrants, de ceux qui ne pouvaient se
tenir debout. Sur six cent cinquante forçats, la mort en
avait fauché déjà trente-quatre. Une soixantaine s'alitè-
rent. Quelques mois après, il n'en survivait que quatre
cent vingt à l'île Nou; et quelques années plus tard, environ trois cents.

Encore une huitaine de jours, et nous devions débar-
quer. Je ne pensais plus aux menaces de M. Lapierre, qui
m'avaient paru ridicules par leur exagération même,
lorsqu'il entra dans notre cage, toujours suivi de son escorte.

Il me fit appeler devant lui, et laissa tomber lentement
ces paroles :

— Vous auriez pu faire beaucoup de bien, et vous
avez cherché à faire le mal; vous vous en repentirez.

— Moi! m'exclamai-je; j'ai cherché à faire le mal?

— Assez! reprit-il. Menez cet homme au cachot, et met-
tez-le aux fers.

Nous n'échangeâmes pas d'autre parole. Il me tourna
le dos et se dirigea vers la porte. Au défilé, le médecin
en chef me dit à voix basse, d'un ton sympathique:

— Qu'est-ce que cela veut dire?

— Je l'ignore, répliquai-je de la même façon.

En revanche, un officier au teint bilieux, à la barbe
noire et touffue, me jeta un regard de haine et de triomphe. D'où sortait-il? De l'école de la rue des Postes?

Le capitaine d'armes me donna l'ordre de descendre.
Arrivé à fond de cale, on ouvrit une porte et l'on me fit
entrer dans mon cachot. Je m'accroupis et mes jambes
furent prises dans deux anneaux de fer. L'étroitesse

même de l'endroit formait une sorte d'étau dont les mâchoires pressaient mon dos et mes genoux redressés.' Deux forçats étaient également accroupis à ma droite. Mon flanc gauche se heurta contre quelque chose de rude : c'était un seau immonde.

Un surveillant allait refermer la porte. Je lui demandai de me dire pourquoi j'étais là.

'— Dame ! fit-il, quand on est *journalisse*, et qu'on fait des articles incendiaires !

L'accentuation de ce dernier mot eût désespéré Lassouche. Cet écho bête, mais précieux, confirma tous mes soupçons. Le seul motif de la conduite de M. Lapierre envers moi était une haine d'opinion. J'avais entendu vaguement parler d'un barreau scié ou à moitié scié à un sabord éloigné du mien, par un ou plusieurs bandits qui auraient comploté un projet ridicule d'évasion. Mais je n'avais pas été interrogé dans cette affaire, pas même comme témoin : comment pouvais-je y être impliqué ? Non, le sens voilé de l'apostrophe que m'avait jetée M. Lapierre, était bien celui-ci : « Je punirai un homme que je juge révolutionnaire. »

Quand la porte fut close, je pus méditer sur la portée de ses menaces.

Me faire fusiller ? Il ne l'aurait pu sans consulter le conseil, sans rendre des comptes.

Me faire périr sous la corde ? Il n'était pas en son pouvoir de m'infliger ce supplice déshonorant pour la marine ; l'interdiction du ministre à ce sujet, au moins pour la *Loire*, était formelle.

En revanche, de son autorité privée, il pouvait goûter la volupté de me mettre au cachot, et c'est ce qu'il faisait.

Il l'avait bien choisi ; la boulangerie, placée au-dessus, lui retirait, avec son four incandescent, presque tout l'air respirable. Quelques trous, percés dans la porte, donnaient seuls accès à la quantité d'oxygène rigoureusement nécessaire pour empêcher l'asphyxie.

Comme je me plaignais de la soif, mon voisin le plus éloigné me fit passer un bidon renfermant de l'eau tiède.

Je ne pouvais bouger de ma place ; mais, en m'arcboutant contre la cloison, je parvenais à me redresser pendant quelques minutes : c'était le seul moyen de combattre l'engourdissement qui me montait aux genoux. Une fois par jour, pendant un quart d'heure peut-être, nous sortions du cachot et stationnions à quelques pas, juste le temps de passer une couche de chaux. Si j'avais été seul, j'aurais pu, pendant la nuit, chercher le sommeil en me renversant à peu près sur le flanc ; mais nos coudes se touchaient, et la seule posture possible était celle de l'accroupissement.

Le surlendemain, j'entendis tout à coup mon nom prononcé dans un murmure de voix. Je distinguai celle de M. Lapierre et la porte, en s'ouvrant, me montra son visage éclairé par un jet de lumière du fanal. Le pauvre homme, sans doute, attendait de moi un acte d'humilité. Après m'avoir regardé un instant, il se retira. Cette situation durait depuis sept jours. Un cachot ordinaire eût pu être habitable beaucoup plus longtemps ; mais la privation d'air constituait pour moi un genre de supplice qui ne pouvait se prolonger. Les traces livides d'un scorbut naissant s'étalaient au-dessus de mes genoux ankylosés ; ma respiration devenait de plus en plus haletante ; mes forces étaient littéralement épuisées ; il me semblait sentir l'apoplexie me monter au cerveau.

Tout à coup, un ébranlement formidable retentit, me secoua, et j'entendis avec volupté le long mugissement des chaînes qui se déroulaient pour précipiter les ancres. Je humais déjà en imagination d'énormes bouffées d'air qui baigneraient mes poumons. Encore une couple d'heures, me disais-je, et le droit de respirer ne me sera plus refusé. Mais les heures, la nuit, la matinée suivante s'écoulèrent, et personne ne vint. Je brûlais de coller ma bouche aux trous de la porte ; mais quoi ! je n'étais pas seul. Enfin, je vis se dessiner les lueurs du fanal ; on s'arrêta ; la serrure grinça ; une main délivra mes jambes de la barre de justice ; une voix me dit de sortir et de monter dans la batterie haute. Je croupissais depuis huit jours dans ce cachot.

Je pressai le pas en chancelant, en me raidissant. Mes yeux, habitués à l'obscurité, furent blessés d'abord d'un jour trop vif pour eux. Quand je fus arrivé dans mon bagne, je regardai autour de moi et me trouvai à peu près seul. Le débarquement était déjà opéré ; il ne restait que des hommes de corvée ; des sacs gisaient disséminés. Un surveillant, je ne sais pourquoi, m'ordonna d'ouvrir le mien.

— Le chaland attend, mille tonnerres ! cria-t-on.

Je ne pouvais parvenir à dénouer plusieurs nœuds inextricables, et mon souffle irrégulier rendait ma tâche difficile. Le surveillant regarda autour de lui, et me dit doucement :

— Laissez-moi faire.

Et il prit ma place en se courbant.

Ce procédé insolite, dicté certainement par un senti-

ment génér??? plutôt que par l'impatience, me saisit à
l'improviste, et mit l'attendrissement où M. Lapierre n'a-
vait jeté que le dégoût. J'essayai de balbutier un re-
merciement qui resta étranglé dans ma gorge, et je dus
me détourner pour étouffer des sanglots inopportuns.

VII

Nous étions vers la fin de juillet, en hiver. La traversée de la rade de Nouméa, sur des flots frangés de
paillettes d'argent, sous un soleil chaud comme celui de
Paris dans ce mois, dura environ une heure, le long de
collines mornes, dénudées, aux lignes vulgaires, sans
pittoresque, sans majesté ni grâce; la colonie pénitentiaire y gravait son image.

Au débarquement dans l'île Nou, je vis sur le rivage
une longue ligne de condamnés; devant leurs sacs à
terre, ils répondaient à l'appel. Un petit groupe station-
nait isolément : les surveillants m'envoyèrent le rejoin-
dre et nous partîmes.

La marche était ouverte par la Patte-d'Autruche (sur-
nom de bagne), qui sortait aussi d'un cachot, et paraissait fort souffrant; il se traînait en s'appuyant sur deux
de ses camarades. J'allais, moi, côte à côte avec un condamné qui avait travaillé *au père François* sur les boule-
vards extérieurs. D'autres forçats nous suivaient. Comme
je ne gardais pas bien ma place dans le rang, paraît-il,
le garde-chiourme, furieux, menaça de décharger sur
moi son revolver. En chemin, nous rencontrâmes deux
personnages arrêtés là pour nous voir passer.

J'ai appris depuis à connaître l'un d'eux, Corse bona-
partiste, alors médecin en chef de l'île Nou; l'autre, portant la rosette d'officier de la Légion d'honneur, m'est
resté inconnu. Ce dernier, me nommant, demanda où
j'étais. Le surveillant me désigna. L'homme à la rosette
me jeta un coup d'œil et reprit sa conversation.

Nous passâmes devant une salle basse; une demi-
douzaine d'estafiers y étaient groupés autour d'une table; ils apaisaient largement leur soif. A notre vue, ils
sortirent; le feu de l'absinthe allumait leurs yeux et leurs
joues. Ils vociféraient des injures. A quelques pas, une
prison dressa ses murailles. Ils nous suivirent dans un
couloir obscur, où nous eûmes à vider nos sacs. Quelques misérables, parmi eux, pendant que nous étions accroupis, s'amusèrent à nous frapper du poing et du pied.

Un galérien, leur aide, qui servait de geôlier, me fourra
dans une cellule. Demeuré seul, je regardai. Une planche
inclinée servait de lit; entre cette planche et la porte,
juste un espace pour se tenir debout; le seau et le bidon,
comme dans le cachot. J'avais du moins l'air et le jour.

Ainsi, la cellule m'attendait dans un pénitencier, même
à six mille lieues de la France.

Ignorant les us et coutumes de l'endroit, je passai la
journée à me demander si cette nouvelle situation était
définitive, ou combien de temps je resterais emprisonné,
si elle était provisoire.

La nuit vint. Les deux bouches d'air frais soufflant du
couloir et du dehors, et traversant mon pantalon et ma
chemise de toile, me donnèrent le frisson. Le mécanisme
d'une fenêtre à tabatière ne pouvait jouer; impossible
de la fermer.

Le lendemain matin, un garde-chiourme se présenta. Le drôle, surnommé Rocambole, et révoqué depuis, était ivre. Il m'ordonna en bredouillant de me placer devant lui dans une attitude respectueuse ; puis, il inscrivit mes réponses à ses questions portant sur mon identité.

Mon geôlier, un Allemand, allait refermer la porte. Je lui demandai une couverture pour la nuit.

— Une couferdure! impézile, za r'garte le machor.

— Alors, je demande à voir le major.

— Zagré gommunard, es-du malate ?

L'idée me vint heureusement de répondre oui.

— Alors, temain.

Et il ferma la porte en grommelant.

La faim me tourmentait depuis la veille. L'asphyxie du cachot ne m'avait pas permis de dépasser plus d'un biscuit grignoté par jour. Mais la brise vivifiante de la rade et l'air frais de la nuit avaient excité un besoin enragé d'aliments, grossi de toutes les privations antérieures. Enfin, ma cellule s'ouvrit, et je trouvai du pain par terre ; il m'était destiné. Je me jetai dessus et le dévorai ; il pesait une demi-livre environ. Sans doute, c'était le repas du matin. J'attendis celui du soir. Rien ne vint. Je passai de nouveau la nuit à frissonner.

Au matin, un garde-chiourme vint me chercher pour me mener « à la visite ». Plusieurs prisonniers des cellules y allaient avec moi. Si le soleil tropical avait brillé, mon frisson se fût vite évanoui ; mais il se cachait obstinément derrière un voile grisâtre de nuages. Je croisai les bras sur ma poitrine pour ranimer ma chaleur, et je marchai ainsi, tête nue et tondue, tout le vi-

sage rasé, la manille à la jambe : sorte de pénitent se
rendant au supplice.

La mer baignait devant moi les rivages tristes de l'île
Nou et de la presqu'île Ducos. Le panorama des monta-
gnes de la Grande-Terre dressait à l'horizon des lignes
mesquines; des niaoulis, comme des squelettes du
monde végétal, tordaient leurs corps et leurs bras dé-
charnés. Nous fîmes demi-tour, et passâmes devant des
cases grillées qui prolongeaient leurs flancs perpendicu-
laires à la route. C'était un dimanche.

Des portes ouvertes permettaient aux forçats de flâner
dehors. Nous étions séparés d'eux par une rigole. Malgré ma myopie, il me sembla reconnaître quelques amis
politiques : l'odieuse confusion continuait à l'île Nou.
Les cuivres d'une fanfare se mirent à sonner je ne sais
quelle marche bête. Le surveillant nous fit faire halte et
nous attendîmes le major. C'était heureusement, non le
Corse en question, mais un jeune médecin de troisième
classe.

— Qu'est-ce que vous avez? me demanda-t-il doucement.

— J'ai froid, je voudrais une couverture.

— Marquez une couverture, dit-il à un condamné faisant fonction de scribe.

Rentré dans ma cellule, je reçus pour mon déjeuner la
même quantité de pain que la veille. Je débattis longtemps cette grave question : mangerai-je en une fois le
tout ou une partie seulement? Je finis par ne prendre
aucun engagement envers moi-même, et décidai que je
me laisserais aller à l'inspiration du moment. Le résultat inévitable ne tarda pas à se produire : en moins d'une

demi-heure, le tout était englouti. Ma raison me fit des reproches bien stériles. A mesure que les heures se multiplièrent, ils devinrent plus violents.

La nuit, la couverture me procura de la chaleur, mais non le sommeil; il était combattu par une faim qui ne daignait pas s'arrêter en route. Cet état devint grave à l'aurore. J'eus le délire, et il engendra un mirage singulier. Je voyais des monceaux de viande, de mets fumants sur une table dressée. Toute autre image : progrès, famille, patrie, avait disparu.

J'en étais là depuis quelque temps, lorsque le guichet s'ouvrit et se referma subitement : un billet venait de tomber à mon côté. Quelques lignes sans signature, écrites au crayon, m'encourageaient à être patient, et m'annonçaient ma prochaine délivrance de la cellule.

Le guichet se rouvrit un peu plus tard, et une voix murmura :

— Vite, voulez-vous quelque chose?

— Je veux du pain.

J'en eus, et un gros morceau de bœuf bouilli par surcroît, — et du bouillon de bagne distribué dans l'après-midi dans les cellules.

En revanche, une loque trouée remplaça dorénavant ma couverture enlevée pendant le jour. Je vis que la lutte était inégale entre le médecin et l'homme de confiance de l'administration pénitentiaire. Je continuai d'avoir des frissons nocturnes, et le major et moi nous fûmes bernés.

Je sortis de cellule au bout de dix jours. Un surveillant me conduisit à la forge. On me fit étendre pour retirer ma manille. Mais aussitôt on m'en riva une autre beau-

coup plus lourde qui servait de support à deux chaînes.
Une de plus qu'à Toulon. Progrès sensible.

De là, tenant mes deux chaines dans ma main gauche,
je fus conduit dans une des cases de la « quatrième
classe », au peloton de correction, à la grille toujours
fermée. Le travail n'avait pas encore cessé, et elle se
trouvait presque déserte.

C'était une longue prison destinée à cinquante condamnés : soixante-dix environ s'y entassaient au retour
de « la fatigue ». Baies grillées percées dans la hauteur
des murs : au-dessous, planche couverte de sacs et d'un
matériel de mangeaille ; plus bas, les hamacs enroulés
pendant le jour ; une poutre parallèle à quelque distance
pour les tendre pendant la nuit ; deux baquets au fond.

Un des forçats présents vint me proposer de me vendre une croix — en or, assurait-il. Je déclinai cette pro-
position.

— Mais ça ne coûte que cinq *fléchards* (sous)?
Je persistai dans mon refus.

— Tu n'yeux pas non plus d'un *blavin* (mouchoir)?
— Non.

— T'as donc pas d'*gâteau* (argent) ?
— Non.

— Vous n'connaissez donc pas l'*truc?* dit un autre forçat.

— Je répète que je n'ai pas d'argent.

— Pour un *fagzir* (forçat), vous n'avez pas l'air dé-
brouillard.

— Je suis sans prétention sur ce point.

— Si vous n'avez pas d'*perlot* (tabac), vous n'pourrez
même pas *en griller une* (fumer une pipe).

— Je me résignerai.

— A-t-il l'air d'un *meg à la flan* (être ingénu)! Laisse-le donc, c'est un communard; il n'est pas encore *à la coule* (initié aux ruses).

— *Flanchons* (jouons)! dit l'un des galériens à ses camarades.

Et il exhiba un paquet de cartes.

— Veux-tu *faire gaffe* (surveiller le surveillant)? me dit-il.

— Soit, mais je ne réponds de rien.

— Si vous voyez quéque chose, criez *boche* (attention)! me recommanda un autre.

Je n'eus pas à crier *boche*, car les forçats revinrent aussitôt. Chacun s'étendit par terre ou s'assit tant bien que mal sur son sac. Mon voisin de droite, prévenu de mon arrivée, me pria de mettre à profit son expérience dans le milieu où j'étais appelé à vivre. Il possédait une instruction primaire, et prenait soin de ne pas parler argot. Il se disait ancien quartier-maître, puni de la prison, pour une faute légère. En proie à la fureur, il avait tué un gardien qui, assurait-il, le persécutait : et il était venu échouer au bagne à perpétuité. Il me demanda :

— Vous sortez de cellule ?

Je lui parlai du geôlier, des vivres et de la couverture.

— D'abord, observa-t-il, le geôlier se nomme ici *correcteur*, parce qu'il est chargé de donner les coups de fouet : il a plusieurs collègues; le bourreau est de ce nombre. Somme toute, vous n'avez pas été assommé par eux : bénissez votre étoile.

— Avant de me résoudre à cette bénédiction, je demanderai pourquoi ils m'eussent assommé?

— Pourquoi les surveillants ont-ils frappé sans regarder même qui recevait les coups? Il n'est pas besoin ici de raisons pour qu'on assomme; le plaisir qu'on y trouve suffit. Et si, pour vous arracher l'aveu d'un délit réel ou imaginaire, on vous avait mis les poucettes, que diriez-vous ?

— Les poucettes?

— Sans doute, je vous montrerai un condamné qu'elles ont estropié.

— Alors, la torture est ici en pleine floraison?

— D'aucuns assurent qu'elle est moralisatrice au plus haut degré : les gens qui pensent ainsi sont généralement ceux qui l'appliquent sans la subir. Je vous répète que vous avez eu de la chance en cellule.

Outre votre livre de pain, — réduite, il est vrai, à une demi-livre par les correcteurs, mais c'est l'habitude, — vous avez été « assisté » par vos camarades qui ont trouvé un moyen de corrompre un garçon de service, ou peut-être un des correcteurs lui-même : remarquez que je ne veux pas dire par là que ce soit bien malaisé. Maintenant, vous reconnaissez avoir reçu plusieurs fois du bouillon dans votre assiette?

— Du bouillon tout nominal!

— C'est secondaire; vous possédiez une assiette. Qu'eussiez-vous dit si vous aviez dû tremper votre soupe dans vos souliers?

— Est-ce que c'est aussi l'habitude?

— Ce ne l'est plus. Mais, dans un temps, ordre fut donné de retirer les assiettes aux prisonniers des cellules. Presque tous, plutôt que de renoncer au bouillon, tendirent leurs souliers qui servirent ainsi de soupières.

Cette innovation menaçait de s'éterniser, lorsque je ne sais quel personnage, instruit de la chose, y trouva des inconvénients, et la fit cesser. Quant à votre lambeau de couverture, sachez qu'une couverture entière est un capital de l'État qui doit rapporter des profits aux correcteurs : il fallait la payer; c'est vous qui êtes coupable.

— Payer avec quoi ?

— Avec de l'argent, parbleu !

— Mais, à supposer qu'on parvienne à s'en procurer, puisqu'on est fouillé?

— Allons! vous êtes simple, dit-il en ricanant. Au moins, pourquoi n'être pas retourné à la visite?

— Pour me plaindre du correcteur?

— Non, diable! vous étiez dans sa main : c'était jouer trop gros jeu; mais pour demander au médecin de vous recevoir à l'hôpital. Vous auriez ainsi échappé à la cellule jusqu'à ce que votre situation fût réglée.

— Mais je me sens faible sans me sentir malade.

— Il fallait simuler une maladie, le médecin vous eût compris à demi-mot. Il protége évidemment ceux qui lui semblent recommandables pour une raison quelconque, et les condamnés de la Commune sont dans ce cas. Il arrive souvent que les médecins reconnaissent pour malade des *batteurs*, — c'est le mot consacré ici, — dont ils ne sont nullement dupes.

Seulement, la pitié les tient pour de pauvres diables qui se sont donné la peine d'être mal portants. Songez qu'en dévoilant l'artifice, ils peuvent les faire condamner à vingt-cinq coups de fouet. Le plus souvent, ils sont joués par des gaillards très habiles; et ce sont ordinairement ceux-là, jeunes, vigoureux, profondément

vicieux et rebelles à tout travail, qui méritent le moins
d'intérêt. Comment d'ailleurs passer consciencieusement
la visite de quelques centaines d'individus, dans un
temps qui ne suffirait pas pour quelques dizaines? Aussi,
des erreurs inévitables et déplorables sont-elles commises.

Des malheureux perdus dans la foule sont rabroués
et traînent jusqu'à l'agonie leur existence misérable,
sans obtenir même une exemption de travail.

A ce moment, la grille s'ouvrit et un grand mouvement se fit dans la case.

— Attention, me dit A..., mon interlocuteur, c'est
l'appel pour le travail. Prenez exemple sur moi : tenez-
vous bien dans le rang, les bras le long du corps, le regard fixe devant vous, surtout si le chef vient nous ins-
pecter.

Nous sortîmes et formâmes une longue colonne composée seulement des hommes de la « quatrième. »

Je vis à quelque distance une sorte de borgne à visage
patibulaire se ruer sur un forçat et l'accabler de coups :
c'était notre chef. Il vint de mon côté, remarqua ma figure, qui lui était inconnue, et s'avança droit sur moi.

— Pas d'imprudence, murmura A..., laissez-vous faire.

Le chef se planta devant moi, me regarda un instant,
saisit ma vareuse à la poitrine, me secoua fortement,
attendit et passa.

Nous reçûmes l'ordre de partir, et A... se mit à mon
côté.

— Pourquoi, lui demandai-je en chemin, le misérable
s'est-il attaqué à moi?

— Pas si haut; il y a des oreilles ici. Que voulez-vous?

il aura voulu vous « tâter; » vous êtes un nouveau.
Peut-être aussi votre figure ne lui plaît-elle pas. Remarquez d'ailleurs qu'il vous a seulement un peu bous-
culé sans vous frapper; il est probable que ça ne se re-
nouvellera plus.

— Dois-je encore bénir mon étoile?

— Certes, relativement.

Notre route s'engagea dans un vallon bordé d'une
brousse banale et de roches pelées réverbérant des
rayons solaires implacables. Nous suivîmes ensuite une
allée de cocotiers rendant sous la brise des sons lugu-
bres comme un cliquetis d'ossements.

Nous fîmes halte à une carrière. Les travailleurs furent distribués selon les tâches. Je fus colloqué parmi
les casseurs de « caillasse ». Je montai sur une éminence
de cailloux, et commençai à faire fonctionner la massette. Je m'isolai le plus possible, et l'un des surveillants, guettant autour de lui, vint près de moi, et me
dit :

— Vous êtes de la Commune?

— Oui.

— Savez-vous que Thiers est remplacé par le maré-
chal de Mac-Mahon ?

Je pâlis et demandai :

— De qui tenez-vous la nouvelle?

— Parbleu! des dépêches télégraphiques! il n'y a pas
le moindre doute. Enfoncée la République! inutile, n'est-
ce pas, de rapporter que c'est moi qui vous ai instruit
de la chose? Voyons, vous devriez vous réjouir, car à
l'avénement d'un Napoléon ou d'un comte de Paris, il y
aura sûrement une amnistie, — pas au profit de vous

4

autres, puisque le droit commun est là; — mais en vous conduisant bien, vous serez au moins portés sur le tableau des grâces.

Je jugeai inutile de discuter avec ce sot personnage, qui exprimait l'opinion de la presque totalité de ses acolytes.

— Ainsi, me dis-je, la Chambre et le président sont d'accord maintenant pour déchirer notre lambeau de république, et la France va voir se dresser un nouveau spectre royal. Combien de temps cela durera-t-il? La mort au bagne! O droit, ô justice, vous n'êtes pas de vains noms : mais trois fois malheur à ceux qui se vouent à votre triomphe!

Au retour, un chaos de cris discordants, suraigus, sauvages, bizarres, déchira l'air; ils étaient poussés par des Canaques. Je vis un défilé de têtes laineuses, de quelques chevelures teintes en jaune ; des faces au groin noir et bestial, des yeux farouches, des lobes d'oreille monstrueux et déchirés où se balançaient des anneaux. La plupart étaient travestis en pitres; quelques-uns presque nus; tous armés de sagaies ou de casse-tête. Un long bâton reposait sur plusieurs épaules : à ce bâton, un blanc, les pieds et les poings liés par des cordes, était suspendu comme un porc.

A... me dit :

— C'est la police locale qui passe : les gaillards ont pris un évadé; ils sont exaltés par le triomphe.

— L'administration permet qu'un prisonnier soit ramené de cette façon?

— Parbleu! que lui importe? Elle tient beaucoup à ces Canaques dont le flair pour découvrir les évadés dans la brousse est incroyable. Ils commencent le plus souvent par les étourdir de coups et finissent par les transporter ainsi. Les gardes-chiourme, d'ailleurs, leur servent d'aides, et... chut! le surveillant nous observe.

Au terme de notre marche, nous fûmes placés en ligne. Il y avait une corvée supplémentaire : un surveillant choisit un certain nombre de forçats pour la remplir; je fus du nombre. Je me rendais avec les autres au lieu désigné, lorsqu'un second surveillant me renvoya dans la case. Comme je gravissais les quelques marches qui y conduisent, le chef en sortait. En me voyant, il me repoussa du poing, et me fit trébucher.

— Pourquoi ne vas-tu pas à la corvée? vociféra-t-il.

Une injure intraduisible précéda cette question.

Je rejoignis mon groupe et manœuvrai pendant une heure avec lui à une pompe.

Quand la grille de l'antre fut refermée derrière nous, je regagnai ma place et m'accroupis par terre. Je sentais la fièvre m'envahir.

Des haricots presque crus, baignés dans une eau puante, formaient notre pâture du soir. A... me demanda :

— Vous ne mangez pas?

— Non. Vous avez vu que j'ai été encore frappé?

— Oui, vous jouez de malheur. Cette fois, il y a eu méprise.

— Cela ne peut continuer, murmurai-je; il faut que je prenne une résolution.

— Laquelle?

— D'abord, je vais écrire au commandant du pénitencier.

A... haussa les épaules.

— D'abord, pour parler comme vous, où trouverez-vous du papier, de l'encre et une plume? Vous ignorez donc qu'il est interdit à la quatrième d'en posséder, surtout dans la case des doubles-chaînes où nous sommes.

— Et quand on veut écrire à sa famille?

— On fait sa demande au surveillant, qui la transmet au chef, et on en obtient quelquefois. Mais, dans votre cas, vous serez obligé de déclarer ce que vous désirez écrire.

— Après?

— Après, une plainte portée contre le chef est grave, en ce sens que lui et ses aides vous haïront mortellement. Or, croyez-vous qu'il soit intelligent de vous placer dans cette situation en face d'hommes qui sont vos maîtres presque absolus?

— Quelle douleur plus grande puis-je donc subir que celle d'être frappé par ces gredins?

— Celle d'être frappé systématiquement tous les jours, au lieu de l'avoir été une fois par suite d'une erreur. Puis, les coups seulement ne sont pas à redouter, mais mille mauvais tours tenant à l'inobservation imaginaire de la discipline ou à d'autres choses.

— A quoi?

— A quoi! par exemple, on commet un vol quelconque dans le pénitencier, le fait arrive tous les jours. Le voleur, je suppose, habite notre case. Sous la menace d'une fouille, il veut se défaire de l'objet volé: il le glisse habilement dans votre sac...

— Voilà bien des suppositions, m'écriai-je.

— Qui se sont réalisées plusieurs fois. Nous connais-
sons parfaitement quelques innocents condamnés dans
des cas de ce genre.

— Je suis au-dessus du soupçon. Toute cette invention
ne serait que ridicule, objectai-je avec impatience.

— Aux yeux de qui?

— De tous ceux qui me connaissent.

— Vous voulez dire de vos amis politiques, ceux de
l'île Nou et ceux de France. Ecartons les premiers; ils
ne comptent pas et sont exposés aux mêmes dangers
que vous. Eh bien, vous êtes traduit devant le conseil
de guerre siégeant à Nouméa, et condamné pour vol à
cause d'un objet volé trouvé dans votre sac. Avouez que
les membres de ce conseil doivent vous être hostiles
plutôt que sympathiques, surtout lorsque ce qu'on
nomme une preuve en justice ordinaire leur est fournie
contre vous.

Soit! vos amis de France ne se rendent pas à cette
preuve fallacieuse. Ils sont indignés contre vos juges.
Leur conviction de votre innocence prime toutes les
preuves apparentes possibles, et ils remuent ciel et terre
pour la faire partager par les indifférents. Est-il bien
sûr qu'ils les convainquent? Quant à vos ennemis, —
vous en avez, quand ce ne serait que ceux qui vous ont
envoyé ici, et tous ceux qui pensent comme eux, —
croyez-vous que la haine chez eux parlerait moins haut
que la conscience, et qu'ils n'accueilleraient pas avec
transport un fait qui répondrait si bien à leurs désirs?
Vous mépriseriez sans doute ce que vous appelleriez
leur infamie; mais, au fond, y seriez-vous si insensible,
quand elle paraîtrait sanctionnée par un jugement légal?

4.

— Assez sur ce sujet qui me semble fantastique.

— Oui, comme la réalité la plus vulgaire, ici.

— Une chose certaine, c'est que je ne veux plus être frappé.

— Vouloir n'est pas pouvoir. Votre plainte, je suppose, parvient au commandant. Pourquoi voulez-vous qu'il vous donne raison? Le chef racontera la chose à sa façon, et il est assermenté. Le commandant voudra faire du zèle contre vous; car vous éprouvez le contre-coup des événements de France, et les communards ne sont pas actuellement à la hausse. Le moins qui puisse vous arriver, c'est de retourner en cellule.

— Je le préfère de beaucoup à l'horreur d'être frappé.

— C'est possible, mais les correcteurs auront le mot d'ordre et vous frapperont aussi.

— Alors, je cracherai au visage du chef.

— Vous n'en ferez rien, dit A..., froidement, parce que vous aurez le bon sens de comprendre que votre vie a plus de prix qu'un mouvement d'indignation qui ne lui causera pas grand dommage. Car, ou il déchargerait sur vous son revolver, ou il rédigerait un faux rapport prouvant que vous avez voulu le tuer. Or, on ferait semblant de le croire, — malgré ses fautes d'orthographe.

— Je me bornerai à lui dire que sa conduite est celle d'un lâche, dis-je en étreignant la barre placée devant moi.

— Vous n'en ferez rien, parce que le résultat serait le même. En effet, outragé devant les condamnés, sa fureur serait au comble, et il tomberait sur vous à bras raccourcis, et de la façon la plus provocatrice, justement pour vous amener à riposter; et peu d'hommes peuvent répondre qu'ils garderont assez de sang-froid pour ne point le faire.

L'appel dans la case vint nous interrompre, et nous tendîmes ensuite nos hamacs. Je m'étendis dans le mien, heureux d'échapper à un dialogue qui me révélait un gouffre où je devais rouler, quelque parti que je choisisse.

Le matin, sur les rangs, la brute bouscula et frappa encore, mais ne s'arrêta pas devant moi. Un condamné portant à son chapeau la plaque de contre-maître, me dit pendant la route :

— J'ai représenté au chef que vous êtes un homme paisible. J'ignore s'il a reçu des instructions; mais il paraît vous connaître maintenant, et je crois qu'il ne vous frappera plus.

— A... s'écria :

— Qu'est-ce que je vous disais?

L'homme continua :

— Vous êtes de ceux qu'il nomme des bêtes à plumes, et un républicain encore. Au fond, il vous déteste davantage, mais il vous ménagera.

L'avenir donna raison au contre-maître : jamais, depuis, ce chef, dans ses plus grandes fureurs, ne m'a frappé ni même tutoyé. En revanche, il a continué jusqu'au bout son métier d'assommeur aux dépens d'autres victimes.

Quand je fus accroupi sur la caillasse, A... vint se placer près de moi.

— Nous parlions hier des évasions, dit-il, et vous n'admiriez pas les procédés de la police locale; les gardes-chicurme, sous ce rapport, valent les Canaques. Ils usent souvent, eux, du revolver, même en face d'hommes désarmés et qui déclarent se rendre. Dans tous les cas, quand ils sont en nombre, les assommades vont leur train.

— Est-ce que les évasions sont fréquentes?

— Oui, à la quatrième et dans certains détachements.

Il y a des monomanes qui ont tenté plusieurs évasions. J'en connais un qui en est à sa huitième. J'appelle monomanes ceux qui renouvellent leur entreprise sans aucune chance de succès. S'enfuir dans la brousse, et y languir misérablement jusqu'à ce qu'on soit capturé; joindre quelques planches décorées du nom de radeau, et s'y jeter sans vivres ou avec des vivres pour quelques jours : n'est-ce pas de la monomanie? Et quel est le résultat? Revenir blessé ou au moins fort maltraité; mourir de faim en cellule durant sa prévention; comparaître devant un conseil de guerre avec une condamnation au bout à cinq années de travaux forcés, si l'on est condamné à temps; et à quelques années de double-chaîne, si on l'est à perpétuité; enfin, passer sur le banc.

— Aucune évasion n'a donc jamais réussi?

— Pardon, quelques-unes, accomplies dans des circonstances exceptionnelles. Des condamnés, dont quelques-uns étaient d'anciens matelots, munis d'une boussole et de vivres en quantité suffisante, se sont emparés d'une baleinière et ont pu parvenir sur les côtes d'Australie. Quatre ou cinq autres ont pu séjourner sous un déguisement à Nouméa sans être pris et s'entendre avec un patron de barque, ou des matelots qui les ont cachés sur un navire pendant les premiers jours de la traversée.

Des journaux australiens ont mentionné les faits sur lesquels il ne peut y avoir de doute. Quant au reste, tout est repris ou périt misérablement dans la rade, englouti par des requins. Moi qui vous parle raison maintenant, j'ai eu aussi mes illusions, et si je porte la double-chaîne, c'est une évasion qui... Attention! un surveillant vient vers nous.

A... fit retentir plus fort sa massette.

Le surveillant m'apostropha brusquement.

— Votre numéro, votre nom?

Je dis mon nom et le numéro 5160.

— C'est bien, vous aurez de mes nouvelles. Voilà une demi-heure que je vous surveille et que vous ne travaillez pas.

Quand il fut parti, A... s'écria :

— Diable! il va faire un rapport.

— Quel sera le châtiment?

— Quinze nuits de prison au moins, ou...

— Quoi?

— Ne parlons pas de ça.

— Au contraire, dites la vérité.

— Que sais-je moi-même? cela dépend de la rédaction du rapport. Si vous êtes accusé seulement « de paresse ou négligence au travail, » vous aurez ce que je vous ai dit; si vous êtes taxé de « refus de travail... »

— Mais je n'ai pas refusé?

— La question n'est pas là. Si, dis-je, l'accusation est rédigée dans ces termes et admise, — et elle est toujours admise, quand il s'agit des doubles-chaînes...

— Alors?

— Alors, vous passeriez sur le banc et recevriez de quinze à vingt-cinq coups de martinet.

Le sang de la colère empourpra mes joues.

— On ne me fera jamais subir cette infamie, dis-je avec dédain.

— Je ne sais pas comment vous l'entendez, mais je sais que je les ai reçus, moi, et au complet.

— Et quand sera-t-il donné réponse au rapport?

— Demain matin, en revenant du travail.

Nous ne renouâmes plus la conversation. De retour à peine dans nos cases, un roulement de tambour nous en fit sortir. Nous formâmes les rangs et je vis un mouvement inusité de l'autre côté de la chaussée. Le surveillant en chef du camp apparut, suivi de nombreux acolytes. On apporta un banc et une grande corde. Un condamné sortant de cellule, sans vareuse et tête nue, se montra au tournant de la route, à ma gauche; ses poignets joints étaient fortement liés. Près de lui marchaient le correcteur allemand et d'autres estafiers. En même temps, à ma droite, à l'autre point opposé, débouchait un détachement d'infanterie de marine, clairon en tête, qui vint se masser à petite distance.

Un surveillant déplia un papier, et lut à haute voix que le nommé *** ayant refusé le travail, était condamné à recevoir vingt-cinq coups.

Là-dessus, les correcteurs empoignèrent le patient et abaissèrent son pantalon, l'étendirent sur le ventre le long du banc, et l'y attachèrent par la ceinture; les pieds étaient également fixés par une corde dont l'un d'eux tenait le bout.

Alors, l'Allemand, armé d'un fouet à six lanières, grossies chacune d'un nœud à l'extrémité, et tachées déjà de rouge, prenant sa distance et tendant ses muscles, abattit un premier coup sur la chair nue. Elle eut un horrible frémissement, et l'homme contracta sa mâchoire pour ne pas crier. Un second coup siffla. Le frémissement fut plus douloureux et la contraction plus violente. Au troisième, une tache rougeâtre apparut, mais aucun cri ne s'échappa des dents serrées.

— *Souque* (frappe ferme)! dit le chef du camp au correcteur.

Au quatrième, le sang jaillit, mais le gémissement mourut encore dans la poitrine. Au cinquième, un cri effroyable, lamentable, rugissement longtemps contenu, partit avec le sang. Les coups se multiplièrent en s'enfonçant, lentement, méthodiquement. Les sillons se creusèrent leur lit dans la chair sanguinolente. Les cris parcoururent toute la gamme qui descend de la note humaine la plus douloureuse à l'animalité. Au dix-septième coup, l'homme s'évanouit, sa tête pendit comme celle d'un mouton qui sort de l'abattoir; son sang coulait avec une abondance inquiétante, — ce qui fit réfléchir le chef du camp.

Il donna le signal de lever la séance. Les correcteurs détachèrent le corps et l'emportèrent. Le banc disparut, et aussi le fouet, qui fut serré soigneusement pour une occasion prochaine. Le clairon sonna la retraite; les surveillants se remirent de leur fatigue avec de la « verte, » et nous eûmes la liberté de rentrer dans nos geôles.

— C'est tout de même huit coups qu'i' r'doit, dit un forçat.

— Bah! l'bossu, — on désignait ainsi le sieur Charrière, directeur de la transportation, — lui f'ra p't-être
grâce du *rabiot* (reste), répliqua un autre.

— Est-ce que ce spectacle se renouvelle souvent? demandai-je à A...

— Plusieurs fois par semaine. Les causes d'évasion
sont les plus nombreuses. La vie est intolérable pour les
condamnés dans certains détachements de la Grande
Terre. Leur sort dépend complétement de l'humeur et
de l'honnêteté du chef. Si le hasard leur donne un gre-
din, ce qui est le cas le plus fréquent, ils sont à son entière discrétion. Il vole sur leur viande, sur leur huile,
sur leur boisson. Le condamné cuisinier se charge de
rogner le reste. Ses camarades mourant de faim, « se
chapardent » entre eux, ou vont à la maraude. Le chef
les ahurit, les bouscule, les assomme, les épuise de travail. Réclamation inutile ou impossible, je vous ai dit
pourquoi.

S'il prend l'un d'eux en grippe, qu'il n'ait pas de scru-
pule, et qu'il veuille se défaire de lui, il le peut sans
courir aucun risque. Il emmène l'homme dans un lieu
isolé, sous prétexte de travail, et l'assassine avec son revolver. Il fait faire ensuite un rapport où il expose qu'il
était dans le cas de légitime défense. Pas de témoins, et
il est assermenté. Quelquefois, des condamnés, suspec-
tant quelque chose, ont rampé dans la brousse, et ont
vu le coup. Ils murmurent la vérité à quelques intimes;
elle s'ébruite avec le temps, tout le monde la sait; mais
personne n'ose accuser publiquement. Ou, si une espèce
d'instruction a lieu, la déposition des forçats est reçue à
titre de simple renseignement, et rejetée comme suspecte.

Ceux-là seulement qui connaissaient la victime et le meur-
trier ont leur conviction faite.

Ces cas sont rares; parlons de ce qui se passe quoti-
diennement. Vous figurez-vous le mal que pourrait faire
notre chef dans un détachement isolé ?

Ici, il est sous les yeux de ses supérieurs, des médecins, de quelques agents de l'administration, des surveillants sous ses ordres, qui sont dévorés de l'envie de monter en grade, et le jalousent, le détestent, parce qu'ils
sont obligés de lui obéir ; il est obligé de compter avec
tous ces hommes qui peuvent devenir des accusateurs
écoutés ; il se modère, je ris en disant ça ; mais certainement oui, il se modère. Tous les gens dont je viens de
parler ont connaissance de ses exploits ; quelques-uns
les déplorent : pourtant, l'a-t-on révoqué ? Nullement. Il
en a été quitte plusieurs fois pour quelques jours d'arrêt.

Eh bien, voici des hommes tyranniques, féroces comme
lui, de plus, pratiquant le vol, — ce qu'il ne fait pas, —
placés hors de tout contrôle. Le point qu'ils habitent n'a
que des communications difficiles avec le centre. Ils
pourront donc appliquer la torture à leurs sujets, comme
des rois absolus. Ils les feront cuire, la tête nue, sous le
soleil au zénith : ils les pendront par les bras liés derrière
le dos, ou par les pieds, la tête à peine appuyée. Un homme
est épuisé par le scorbut, la diarrhée ou la dyssenterie ;
ce sont les affections les plus générales à la Nouvelle-
Calédonie : ou ils l'admettent comme malade, font usage
des drogues qui leur sont remises, au risque de le tuer...

— Bah ! ils sont aussi médecins ?

— Sans doute. Ou il leur plaît de le trouver bien por-

5

tant, et ils le guérissent en l'appliquant à la barre de
Justice, jusqu'à ce qu'il aille dans l'autre monde. J'ai vu
à l'ambulance un malheureux qui s'était brisé la jambe
en travaillant. Il s'est soigné lui-même à sa manière pendant six semaines, en attendant un bateau qui le trans-
portât à l'île Nou. Quelque temps après son arrivée, il a
dû subir l'amputation. Cet accident n'est pas imputable
aux surveillants, soit! mais il esquisse la situation des
condamnés perdus dans la brousse. Beaucoup d'entre eux
aiment mieux s'évader sans espoir. Ils se rendent si cela
est possible, au poste de gendarmerie le plus voisin, et
font leur déclaration, en préférant à leur enfer la quatrième, et même la double-chaîne.

L'ouverture de la grille mit fin à ce récit : le moment
étant venu de s'accroupir pendant quatre heures sur un
lit de cailloux, dominant un sol calciné par le soleil. Cette
fois, ma massette ne resta pas inactive; je me savais sur-
veillé.

Quand la grille, après le travail, se fut refermée derrière nous, je repris la conversation :

— Ne m'avez-vous pas parlé d'un condamné qui a reçu
plusieurs centaines de coups de martinet pour évasion?

— Oui, il est dans notre case : regardez celui qui oc-
cupe le coin à gauche, en face.

Je vis comme un spectre qui me fit penser au Monte-
feltro de *Lucrèce Borgia*; seulement, le type du forçat
semblait émerger d'un des égouts de Paris.

— Ce malheureux, demandai-je, avait-il une profession
avant d'être arrêté?

A...ricana :

— Il a toujours été arrêté, il a la monomanie du vol. On lui ferait des rentes qu'il volerait tout de même. Toutes ses évasions n'ont qu'un mobile : le vol. Il espère toujours faire un bon *chopin*.

— Et son voisin?

— Ancien contrebandier. Vous devinez qu'il a tué un douanier. Il nourrissait des principes particuliers au sujet du libre échange entre les peuples. « En fusillant tous les douaniers, m'a-t-il dit, les douanes deviendraient impossibles. » Ce raisonnement lui semblait péremptoire. Je lui ai objecté que les contrebandiers deviendraient impossibles également. Il a paru accablé; il n'avait jamais songé à cet argument. Tout se brouille maintenant dans son cerveau : extermination des douaniers qui, assure-t-il, sont des scélérats; et conservation des contrebandiers, qui, assure-t-il encore, sont des honnêtes gens. J'ai jeté le doute dans cette âme.

— Et le troisième?

— Corse. Vous comprenez qu'il s'agit d'un autre coup de fusil. Son honneur, paraît-il, consistait à assassiner le dernier des descendants — qu'il ne connaissait pas, — d'une famille ennemie de la sienne depuis un siècle. Je lui ai parlé des lois protectrices. Il m'a répondu fièrement que les lois sont faites pour les lâches et les avocats, non pour les hommes. Beaucoup le tiennent pour un héros et un vrai représentant de la civilisation. Cette admiration est entretenue surtout par la peur qu'on a de son couteau.

— Et le quatrième?

— Triste. Autre coup de fusil. Un gamin de seize ans qui sort du collége, qui s'éprend de je ne sais quelle maritorne, et tue celui qu'il supposait être son rival. Ce rival, ou prétendu tel, était son père.

— A-t-il au moins conscience de son crime effroyable?

— Je l'ignore. Il est abruti par tous les vices du bagne, sans en excepter aucun, vous me comprenez?

— Et le cinquième?

— Il « faisait les églises ». Il se vante d'être libre penseur à sa manière. Tout ce que lui et son « camarade d'affaires », qui est à sa gauche, pouvaient dérober nuitamment dans les églises, ils l'appliquaient à la satisfaction de leur désir bien senti de vivre grassement sans travailler.

— Le septième?

— B..., de la *Maube* (place Maubert). Il était *dos vert*. Je puis parler un peu argot, n'est-ce pas? Il avait un rival redoutable dans un autre *dos vert*. Son orgueil était humilié. La terre était trop étroite pour porter à la fois ces deux *dos verts* : l'un a poignardé l'autre.

— Et la société a été ainsi débarrassée des deux?

— Oui. Mais les *gonzesses* (femmes)! si vous saviez comme elles le regrettent! C'est lui qui le dit. Il affirme qu'il était irrésistible avec son visage distingué...

— Mais il est affreux!

— Ne m'interrompez donc pas. Avec son langage choisi, 'son veston à collet et à parements de velours, sa chaîne massive en or et ses *rouflaquettes*. Elles étaient toutes flattées, parce qu'il ressemblait à s'y méprendre à un milord : c'est toujours lui qui parle. Du reste, intelligent, artificieux, cruel.

— Le huitième?

— ***, de la Villette. Vulgaire, simplement une bête féroce.

Il faisait les *pantres à la dure*. C'est un des chauds adeptes d'une théorie originale, à savoir que les voleurs et les assassins valent mieux que les producteurs, parce qu'ils sont plus courageux, plus habiles, et que leur profession nourrit plus de monde, 'gendarmes, juges, avocats, etc.

— Le neuvième?

— Un graveur de génie méconnu. Il fabriquait des billets de banque sans avoir obtenu l'autorisation de la Banque de France, qui l'eût refusée.

— Le dixième?

— Vous n'en avez pas assez? Autant lire la *Gazette des Tribunaux !*

— Lire des récits sur une ménagerie, ou vivre au milieu d'elle, ce n'est pas la même chose : il est bon que je connaisse mes « camarades ». Continuez donc.

— Le dixième, à dix-huit ans, a incendié une maison, propriété de sa mère et la sienne : le feu s'est étendu à une autre et a brûlé deux personnes. L'incendiaire voulait se venger de cette mère qui tenait à vendre la maison. Brûler sa propriété par vengeance lui parut ingénieux. Son avocat, pour le sauver, a plaidé la folie : se trompait-il beaucoup ?

— Le onzième?

— Un vieux paysan ratatiné. Un jour, il avait une hâchette à la main, et il se trouvait derrière sa femme, sa compagne depuis trente ans, qui était assise. La hachette s'est abattue et a fendu la tête de sa femme. Il ne sait pas comment, il ne sait pas pourquoi. Lui et la victime s'étaient donné leurs biens au dernier vivant. Les jurés, plus perspicaces, ont vu dans ce fait la cause qu'il s'efforçait vainement de découvrir.

— Le douzième?

— Vous y tenez? Il est vrai que nous sommes loin d'être à la moitié de la rangée. Le douzième a violé et infecté horriblement une fille de vingt-cinq ans. Il n'est pas éloigné de croire qu'il en avait le droit, parce qu'elle était majeure. Dans tous les cas, il atteste que son jury était vendu, et il a voué aux femmes une haine inextinguible. Cette haine, du reste, distingue les condamnés de sa catégorie. Quand j'écoute ces innocents, il me semble toujours qu'ils ont été violés eux-mêmes, et je me sens disposé à maudire ces abominables femmes qui, abusant de leur force, les ont perdus.

— Le treizième?

— Une célébrité, *l'emboucaneur* (empoisonneur) de Marseille, comme on l'appelle. Vous avez entendu parler de Joye?

— Je me rappelle vaguement l'affaire; mais le nom m'est connu. Tiens, si vous me présentiez à M. Joye?

M'étant levé, je me dirigeai vers cet homme notable, et nous échangeâmes nos salutations. Il fut flatté de ma démarche et me le témoigna. Je regardai son visage parcheminé, couvert de rides profondes qui se dirigeaient presque toutes concentriquement vers deux yeux vrillés et artificieux, ainsi que son énorme bouche édentée qui dessinait un sourire suspect. Physionomie de sorcier de village, ce qui était sa profession. L'herboristerie servait de masque.

Il rit beaucoup de la bêtise des paysans qui croyaien

a ses amulettes, à ses cercles magiques et à ses incanta-
tions. Il avoua qu'il pratiquait l'avortement pour faire
plaisir aux femmes qui voulaient se débarrasser de leurs
« fardeaux. » Mais il nia formellement avoir jamais em-
poisonné. J'avais devant moi une autre victime. Il se
plaignit fort des « journalisses » qui avaient contribué à
sa condamnation. Du reste, il se montra fort courtois
envers moi, ne m'appelant que monsieur, si courtois
qu'une voix enrouée se mit à grogner :

— T'as pas fini tes *magnes?* N'y a pas d' monsieur
ici, n'y a q' des *fagzires.*

C'était son compagnon de couple qui l'apostrophait.
Nous étions arrivés en effet aux condamnés accouplés.
L'homme reprit furieux en se levant et en enjambant la
barre :

— Tiens, tu *m' la cours* (tu m'ennuies.) *R'mue tes
puces.*

Et imprimant une forte secousse à la chaîne qui le
liait à son frère siamois, il entraîna Joye craintif au fond
de la case.

L'ombre s'épaississait, annonçant l'appel.

Je fus éveillé au milieu de la nuit par le grincement
de la grille ouverte brusquement. Je reconnus un garde-
chiourme et un correcteur portant un falot. Le correcteur éclaira successivement les forçats, et le garde-
chiourme s'arrêta devant plusieurs.

— Toi, disait-il à mesure, en les touchant de sa canne.

Il s'approcha de mon hamac : je crus qu'il allait me
désigner.

— Toi, fit-il à mon voisin de droite en l'éveillant de
la même façon.

Je respirai, sans savoir d'ailleurs de quoi il s'agissait.

Les hommes s'habillèrent à la hâte. Quand la grille fut refermée derrière eux, j'interrogeai A...

— Ils vont aider à monter la machine.

— Quelle machine?

— La guillotine, donc!

— Alors, le surveillant aurait pu me choisir aussi?

— Pourquoi pas? mais ne vous tourmentez pas, allez! n'obtient pas qui veut cette faveur.

— Une faveur?

— Sans doute, il y a une gobette au bout de la besogne. Beaucoup jalousent les élus. Vingt pour un se présentent. Vous n'avez pas grand'chose à craindre. A moins que le chef, vous savez, trouvant la chose assez drôle, ne veuille vous jouer un mauvais tour.

Au petit jour je vis, à travers les barreaux, la machine dressée presque en face.

— Avez-vous vu déjà guillotiner? me demanda A...

— Non, j'ai lu seulement, comme tout le monde, vingt récits de la chose.

— Cette fois, on vous donnera une stalle d'orchestre gratis; mais vous ne serez pas assis, vous aurez un genou à terre.

— On s'agenouille?

— La génuflexion est obligatoire pour nous, hommes de la quatrième. Nous sommes considérés comme ayant un besoin particulier de ce spectacle, qui constitue à la fois une leçon de morale et un avertissement salutaire. Du reste, vu la rapidité, vous n'y verrez que du feu.

Nous sortîmes. Une pluie fine coulait du ciel grisâtre. Je vis se renouveler les mêmes préparatifs que la veille :

surveillants, correcteurs, infanterie de marine, arrivèrent successivement.

Il y eut de changé ceci : un aumônier accompagnait le patient. Tout près de l'échafaud, il lui parla à l'oreille. Puis, après l'avoir embrassé, il s'éloigna au plus vite.

On entendit un roulement de tambour. Tête nue sous la pluie et le genou droit sur la terre détrempée, nous écoutâmes la lecture de l'arrêt. L'homme, suivant le libellé, avait tenté d'assassiner un surveillant. Son calme était parfait; il échangea quelques saluts presque imperceptibles dans nos rangs. Les correcteurs le saisirent, et je le vis peu après sur la plate-forme de la machine. Des mains brutales courbèrent son cou, l'acier eut un jet d'éclair marqué par un coup sourd. C'était fini. Le tronc et la tête avaient disparu.

Le chef nous fit redresser aussitôt, et le clairon sonna. De là, sans rompre les rangs, nous allâmes à la fatigue.

J'attendais maintenant la réponse au rapport qui me concernait. Ce matin-là, j'étais de la corvée du plat, c'est-à-dire que je devais chercher à la cuisine un baquet de pâture puante, et le nettoyer après avoir distribué. Quand j'eus terminé, un surveillant, porteur d'un papier, se montra derrière la grille. Il appela un forçat. « Huit nuits de prison pour avoir causé dans les rangs. » Il en appela un autre : « Huit nuits pour avoir caché du tabac. » Mon tour vint : « Quinze nuits pour paresse et négligence au travail. »

— Vous voyez, dit A..., que le chef vous ménage.

Le soir, au moment de l'appel, on nous fit sortir tous les trois. Nous dûmes nous dépouiller de notre vareuse et de notre pantalon en droguet, et nous couvrir seule-

5.

ment d'un pantalon et d'une chemise de toile. Il pleuvait
à verse dans l'obscurité; la lueur pâle d'un falot porté
par un correcteur la perçait à peine. Quelques forçats,
pris dans la case voisine, nous attendaient déjà. A notre
tour, nous fîmes halte plusieurs fois pour en prendre
d'autres, notre bande grossissant toujours.

Lorsque nous eûmes pénétré dans le couloir de la prison, le correcteur cria :

— Habits bas !

Ils collaient sur notre peau. Je me dépouillai des miens,
les tenant de la main droite, et soutenant ma double-
chaîne de ma main gauche. Chaque forçat défilait à son
tour devant le correcteur, et lui remettait le pantalon et
la chemise. Après les avoir visités, il les lançait à notre
tête ou dans la prison, selon son humeur. On les ramas-
sait et l'on se rhabillait dans l'obscurité.

Un lit de camp, un baquet, un espace large comme
le lit jusqu'au mur opposé : voilà l'antre. Ayant distingué, à la lueur projetée par le couloir, quelques places
encore vacantes sur le lit fortuné, je me disposai à en
occuper une.

— Retenu par mon copain, me dit une voix en ricanant.

J'allai plus loin.

— Complet comme l'omnibus, quand il tombe d'la
lansquine (quand il pleut).

Cette saillie éveilla des rires sympathiques.

Je voulus en avoir le cœur net, et j'essayai plus loin
encore.

— *Et ta sœur?* fut la réponse.

Cette fois, quelques-uns se tordirent.

Quoique pleinement édifié, je fis ailleurs une dernière tentative.

— *A Chaillot, l'pantre!*

Je sentis dans l'accent une indignation qui protestait contre mon audace.

Pendant ces débats, la chambrée s'était remplie. Je descendis et cherchai une place par terre. Mais les forçats gisaient partout. La prison pouvait en contenir douze, et nous étions plus de trente. Les uns, on l'a vu, se choisissaient par couples sur le lit de camp; d'autres recherchaient particulièrement le dessous.

Il ne m'est pas permis de remuer ici cette boue.

Le reste, ne trouvant pas mieux, s'étendait dans le passage. Je fis partie de ce reste, et me couchai, près du baquet, sur les dalles humides, dans mes vêtements mouillés, en disposant mes chaînes le mieux possible.

Du reste, les dalles, ici ou là, me servaient de couche pendant pendant quinze nuits, — sauf deux ou trois fois, vu la rareté des prisonniers.

Nous étions ramenés avant le jour dans nos cases, et j'attendais le moment de l'appel, accroupi sur mon sac.

Cependant, une nourriture détestable, mes épreuves multipliées, la différence de climat réclamaient leur proie. Je me traînai, malade, pendant quelque temps; puis, je demandai au chef de m'inscrire pour la visite.

— La visite? bah! heureusement que nous ne sommes plus comme en 48!

Et il me tourna le dos. 48 mentionné si étrangement n'avait pas, paraît-il, l'heur de lui plaire. Je réitérai ma demande le lendemain.

— Allons, fit-il, vous n'êtes pas encore crevé !

J'insistai encore le jour suivant. Je lui demandai, en gardant mon sérieux, de me tâter le pouls. Il parut flatté de ma foi dans sa science, et m'inscrivit en grognant.

Ces refus successifs donnent une idée du pouvoir des surveillants, en des cas où la vie du condamné se trouve quelquefois engagée.

J'entrai à l'ambulance, composée de deux cases ordinaires accouplées, percées au fond d'une cour étroite et morne emprisonnée par une haute muraille. Elles étaient transformées en hôpital annexe. Les condamnés de la quatrième y étaient confondus avec ceux des autres classes; ailleurs, ils ne pouvaient communiquer ensemble sous peine d'être punis : preuve, entre cent, de la logique administrative. Je retrouvai quelques malades appartenant à la Commune; un lit près des leurs était vacant; je désirai l'occuper, pour m'éloigner un peu des forçats.

Mais un surveillant vint, accompagné d'un condamné forgeron, et m'indiqua un grabat. Je vis avec surprise l'ouvrier visser un piton dans la traverse de mon lit. Il me dit de décrocher mes chaînes, ce que je fis. Alors l'ouvrier en prit les derniers maillons, les unit à l'anneau par un cadenas qu'il ferma, et dont il remit la clef au surveillant. J'étais pris comme un chien à la chaîne.

— Comment, fis-je, on m'attache à mon lit?

Le surveillant ricana.

— Mais je vois les autres doubles-chaînes qui sont libres d'aller et de venir, et se promènent dans la cour?

— C'est que vous êtes privilégié.

— Mais de qui donc vient l'ordre?

— Ah! vous savez, assez d'observations.

Et il s'éloigna en menaçant.

Malgré cette déception, mon entrée à l'hôpital me procurait le grand avantage du repos et d'une moins mauvaise nourriture, aussitôt que je pourrais supporter des aliments.

Je jouissais au moins de la liberté de me coucher sur ma paillasse, et je voulus en user immédiatement. Les condamnés de la quatrième portaient obligatoirement à l'ambulance, été comme hiver, la vareuse et le pantalon de droguet.

Quand, sans réfléchir, je voulus ôter ce dernier vêtement, je trouvai naturellement un obstacle invincible dans mes chaînes fixées à mon pied par un bout, et à la traverse du châlit par l'autre. Ce fait entraînait une conséquence que, malgré mon horreur, il me faut signaler. Je n'en ai dit qu'un mot en passant. C'est un fléau que tous les malheureux qui ont couché une nuit au dépôt de la Préfecture doivent connaître. La Fosse-aux-Lions, l'Orangerie de Versailles, le fort Pelée, le bagne de Toulon en étaient infectés.

Il nous persécuta sur la *Loire*, et ce bateau, comme les transports précédents, empoisonna l'île Nou. Heureusement, il ne résistait pas au soleil d'été de la Nouvelle-Calédonie. Mais à la « quatrième », je l'ai dit, les cases n'avaient pas de cour inondée de ses feux, et nous ne pûmes nous en délivrer. Or, à l'ambulance, pourvue d'une cour, l'étalage des vêtements devenait possible, excepté pour moi.

Il s'ensuivit que, jour et nuit, les poux me rongèrent

par milliers, quand deux heures d'une exposition, au soleil eussent pu m'affranchir de cet ignoble supplice. J'en
parlai au surveillant, un Corse, qui me répondit bruta-
lement que ce n'était pas son affaire.

Je devins bientôt une sorte de lépreux confiné dans
son isolement. Je ne pus m'étonner ni me plaindre d'ê-
tre un objet de dégoût légitime pour les forçats, — peu
délicats cependant. Craignant la contagion, ils évitaient
soigneusement mon grabat. Le rayon de ma promenade
était mesuré à la longueur de mes chaînes traînées par
mon pied. Cette situation dura quatre mois et demi, jusqu'au cœur de l'été. Alors, un ordre vint de me détacher
chaque jour pendant plusieurs heures. Je fus délivré
immédiatement de la vermine. Par degrés, les heures devinrent plus nombreuses, et, finalement, le cadenas ne
fit plus son office.

VIII

J'ai raconté quelques-uns des faits qui me sont personnels, et qui m'ont paru offrir peut-être un certain
intérêt, rattachés comme ils le sont à l'esquisse des mi-
lieux que j'ai traversés. J'aurai terminé ma tâche quand
j'aurai fait le simple sommaire des années qui ont suivi.
Mais préalablement, et sans creuser ici la question de la
réforme pénitentiaire, il est bon qu'un des hommes jetés
à l'île Nou contribue à mettre en relief ce qui peut servir
à sa solution.

Un des vices frappants de l'organisation actuelle consiste dans la confusion où vivent les forçats : le jeune sergent-major qui a détourné la somme la plus minime et le voleur récidiviste ; le soldat qui a frappé son supérieur et l'assassin de profession.

On a droit d'espérer que le malheureux qui, dans des circonstances atténuantes, a volé une première fois, ne volera pas une seconde ; et cette espérance est d'autant plus légitime, et le devoir de le sauver lui-même est d'autant plus impérieux, qu'il est plus jeune et plus inexpérimenté ; mais on se prépare bénévolement le rôle de dupe, si l'on n'admet pas que toutes les probabilités existent pour que le condamné qui vole une seconde fois volera une troisième. Si l'opprobre d'une condamnation n'abat pas d'un coup de massue le crime naissant qui a pu vaincre une conscience, c'est une étrange illusion de croire qu'on anéantira le crime fortifié en le frappant d'une nouvelle flétrissure.

Une première indignité peut n'être qu'un égarement ; une seconde relève d'une corruption constitutionnelle. Assurément, cette psychologie ne peut se réclamer de l'absolu, car l'âme humaine est compliquée de voies trop tortueuses ; mais elle s'impose par les données du bon sens et la presque totalité des exemples.

A côté des récidivistes pour vol, il faut placer les criminels qui ont commis quelque forfait supposant la férocité.

La férocité qui s'est déchaînée une fois peut s'endormir, mais comme une tigresse dont il faut toujours craindre le réveil ; c'est un poison passé dans la circulation du sang, et qu'il est trop tard pour expulser.

Aucune culture ne pourra faire croître la pitié qui n'a pas encore fleuri dans un cœur d'adolescent ; c'est une fleur délicate qui naît spontanément, ou dont le germe a mûri dans la raison pétrie à son berceau.

La séparation appellerait au moins deux catégories : les condamnés qui ont dressé entre eux et la société un mur infranchissable, et ceux qui ont laissé une porte ouverte à l'espérance.

Un autre vice est dans la répartition trop inégale de la peine, formidable pour ceux-ci, légère ou même illusoire pour ceux-là. Il y a des malheureux qui, peu après leur débarquement, sont engloutis dans quelque détachement où ils périssent de faim et de fatigue. Vigoureux ou chétifs, jeunes ou vieux, endurcis ou non par un métier rude, ils sont astreints au même travail.

A la baie du Prony et à Saint-Louis, les républicains, transformés en forçats par les conseils de guerre, ont enduré des souffrances incessantes, revêtant toutes les formes. Après avoir roulé des troncs d'arbres sur des escarpements, ils devaient les transporter à travers de vastes marais. Souvent même ils étaient réveillés la nuit et poussés aux chantiers.

En proie à la faim, ils la trompaient avec des pousses de palétuvier, de prétendus fruits suspects et malsains. Au nombre de quatre-vingts environ, rien qu'à Saint-Louis, ils étaient dans la main de misérables choisis à dessein pour les torturer ; et le choix se faisait aisément, car la haine pour les républicains était commune à presque tous les gardes-chiourme.

En regard de ce martyre, on voit des récidivistes et des scélérats fieffés tenir des emplois où le travail est nul, ou fortement rémunérateur, l'exploitation des autres forçats, ou le vol ·!dant.

Une liste de travailleurs, par exemple, est dressée pour qu'ils aillent dans un mauvais détachement. Moyennant argent, on fait biffer son nom par les scribes, qui savent le rétablir plus tard sur une autre liste, — à condition qu'ils n'aient pas affaire à des *megs de la tierce* (les forçats les plus dangereux) avec lesquels ils n'oseraient jouer un pareil jeu. Ils ont beaucoup de tours de ce genre dans leur sac.

Leurs vols consistent en détournements rendus faciles au milieu des nuages d'une comptabilité fantastique : ils sont d'ailleurs les complices tacites ou avérés de titulaires officiels et responsables. Ils mènent joyeuse vie, tiennent table ouverte en l'alimentant de victuailles qu'ils font acheter clandestinement à Nouméa ou à la cantine, thésaurisent pour leur libération, et se confirment dans l'idée que tant de travailleurs honnêtes en liberté qui meurent de faim sont stupides, et que les peines édictées par le code constituent quelquefois un trompe-l'œil amusant.

Quant aux tortures corporelles, en pleine vigueur dans la Nouvelle-Calédonie, elles sont indignes des législateurs qui osent les maintenir, et elles ne peuvent se justifier à aucun point de vue, pas même celui de l'utilité. La société a le droit de se préserver des criminels; mais elle a aussi le devoir de ne pas leur montrer l'odieux exemple de la cruauté. Les bêtes féroces à face humaine sont les produits détestables des ténèbres où elles vivent et de la contagion du mal. La misère s'y ajoute comme pourvoyeuse du crime.

Les dernières conclusions de l'analyse contemporaine atteignent les responsabilités là où elles résident, c'est-à-dire dans les institutions humaines, qui sont encore vicieuses et rudimentaires. Guillotiner Troppmann vaut moins que d'en étouffer dix autres en germe en introduisant un progrès de plus. Hors les cas justiciables de la médecine légale, un monstre ne pourra se développer dans le cadre de la société scientifique.

J'ai dit que les médecins montrèrent en général des dispositions bienveillantes pour les condamnés de la Commune. Il faut en excepter surtout un Corse, dont j'ai fait déjà mention, médecin en chef de l'île Nou jusqu'en 1876. Il se faisait suppléer dans son service, et ses fonctions constituaient une sinécure grassement payée. Etabli à Nouméa, où il ne trouvait guère de concurrents, il se chargeait de guérir une riche clientèle, et n'étendait que de loin sa sollicitude sur les forçats. Ses apparitions, soit à l'hôpital, soit à l'ambulance, étaient rares. Je me trouvai deux ou trois fois en sa présence.

La première, accompagné d'un jeune médecin, il lui demanda en me désignant : « Et ça? » Il s'enquérait sous cette forme thérapeutique de l'état des malades. La seconde, deux ans plus tard, il me revit à l'hôpital dit du Marais. Il était seul, et constata impatienté que je n'avais qu'une toux légère. Cependant, il ne prononça pas mon *exeat;* il usa seulement d'un moyen fort spirituel, mais trop héroïque, pour m'infliger une leçon à sa manière : il ordonna de m'appliquer un vésicatoire sur la poitrine. Mais le lendemain, tacitement d'accord avec l'autre médecin, j'eus soin d'arrêter les effets prévus du moyen.

Après ma sortie de l'ambulance, en janvier 1873, je ne

fus jamais sérieusement malade, sauf le scorbut à la bouche, qui me persécuta pendant cinq mois, et une pha-
ryngite devenue chronique. Cependant, je restai presque
toujours exempt de travail dans ma case ou abrité à l'infirmerie. J'acceptai, à six mille lieues de la France, cette
vie de reclus que, malgré ses tristesses particulières, beaucoup eussent préférée à l'esclavage des chantiers.

J'ai parlé aussi du personnel détestable de la surveil-
lance qui, échappant à tout débat contradictoire avec les
condamnés, jouit dans certains cas du pouvoir absolu, et
en contracte la folie cruelle. Il se sentait d'ailleurs appuyé
par MM. de la Richerie et Charrière, élevés à l'école de
Cayenne; MM. Alleyron et de Pritzbuer ne se montrèrent
pas inférieurs à ces derniers dans leur haine de la République et des condamnés politiques.

Je signalerai de plus les obsessions souvent scanda-
leuses des sœurs et des frères maristes au lit des forçats,
dont le salut céleste provoque leurs pieux soucis, au point
même de les pousser à compromettre une cure qui n'est
que misérablement terrestre. Les Maristes possèdent en
Nouvelle-Calédonie de vastes concessions qu'ils font ex-
ploiter à très bon marché par des Canaques entrés dans
le giron de l'Eglise catholique.

La double exploitation susdite leur procure de très
gros bénéfices qui sont versés dans la caisse commune,
et provoque un respect qui s'attache plus aux spécula-
teurs avisés qu'aux propagateurs de la vraie foi. Leur
prospérité s'explique par la protection visible du ciel, et
par une haute pensée qui embrasse à la fois la boutique
et le temple.

Tous les événements politiques de la France avaient

leur contre-coup sur les forçats de la Commune. Je ne crois pas que j'eusse subi les traitements inexplicables dont j'ai parlé, si je n'avais débarqué à l'île Nou en 1873, après l'avénement de M. Mac-Mahon, en pleine réaction. Quand la nouvelle fut généralement connue, les surveillants exprimèrent hautement leur satisfaction.

Quand la dépêche mentionnant le septennat nous parvint, leur triomphe redoubla et se traduisit par un surcroît de brutalité; ils trinquaient à la chute de la République, et proclamaient qu'il fallait en finir avec les pékins.

Une seule chance de salut se levait pour nous à l'horizon menaçant : la fin de l'odieuse Assemblée de Bordeaux qui s'éternisait. Mais les années s'écoulèrent, et les ruraux prolongèrent leur défi à toutes les idées modernes.

La Constitution de 1875 écarta provisoirement l'épouvante d'un huitième trône. Les élections générales, pensions-nous presque tous, amèneraient une majorité centre gauche, mais enfin républicaine. Malgré ses répugnances, elle voterait sans doute une amnistie partielle, et nous, forçats, nous obtiendrions une large commutation de peine. L'époque des élections fut enfin fixée.

Quelques-uns d'entre nous purent lire les comptes rendus des réunions préparatoires de ce centre gauche. Déception! il résout de repousser toute amnistie. De superbes discours prononcés en notre faveur au Sénat et à la Chambre font vainement appel à la justice, à l'humanité, à une politique élevée. M. Dufaure promet un déluge de grâces, — qui n'est pendant près de trois ans qu'une dérision.

Une douzaine des nôtres, parmi lesquels Trinquet et

Jean Allemane, perdant alors toute espérance, tentent une évasion, sont repris, jetés à la quatrième classe, et chargés pour la plupart de la double-chaine.

L'avénement des ministres du 16 Mai nous remplit d'une nouvelle angoisse. Nous calculons toutes les chances qu'aurait un nouveau 2 Décembre; et si notre raison nous fait conclure à un échec final, le cynisme de pareils hommes nous fait redouter les calamités d'une nouvelle guerre civile.

Les élections d'octobre 1877 et leurs suites écartent ce fantôme. Toutefois, les condamnés des conseils de guerre continuent de peupler les prisons, l'étranger et la Nouvelle-Calédonie. M. Dufaure déclare cependant que les grâces, comme il l'avait promis, ont été accordées « sur la plus large échelle, » et il demande, la tête haute, si la majorité espérait davantage.

L'exposition de 1878 éloigne encore nos vagues espérances en détournant sur ses merveilles les préoccupations du monde politique. Nous ajournons notre salut au renouvellement du Sénat.

Notre attente est dépassée. Non seulement les sénateurs monarchistes sont chassés par les électeurs; mais M. Mac-Mahon, voyant son rôle honteux, se chasse lui-même. Et qui le remplace? Un républicain éprouvé de 1848.

Quand une dépêche télégraphique nous apprit l'avénement de M. Grévy, nous fûmes pénétrés de joie, et nous illuminâmes dans notre case, habitée seulement par des forçats politiques. Cet éclairage *a giorno* se composa de quelques chandelles achetées à la cantine.

Les uns, pleins d'illusions, disaient : L'amnistie générale est chose faite! Les tristes républicains du centre gauche et même de la gauche voteront tout au plus une amnistie partielle; mais M. Grévy nous graciera tous.

On a vu M. Grévy à l'œuvre. D'une main avare et sèche, il a distribué, en aveugle, les grâces et les simples commutations. Aucun principe ne l'a guidé dans ses choix : le hasard et les influences ont tout tranché. A l'heure actuelle [1], des centaines d'infortunés languissent encore là-bas, toujours attendus par leurs familles en larmes. Les pelletées de terre du bagne de l'île Nou ont retenti sur les cercueils des victimes de M. Mac-Mahon, le monarchiste, comme elles ont enseveli les cadavres tombés sous la présidence de M. Grévy, le républicain.

Après les premiers départs des amnistiés, vers la fin de juin 1879, chacun de nous eut à répondre, par sa signature, à cette sotte question :

« Voulez-vous rester à l'île Nou, ou être transféré à la presqu'île Ducos? »

Naturellement, l'unanimité opta pour la presqu'île. Dès lors, nous comptâmes que le moment de notre départ avait sonné. Mais les jours s'écoulaient, et nous restâmes dans notre bourbier.

Indignés, et forts des instructions ministérielles, nous maintînmes que nous étions assimilés aux déportés; qu'on nous retenait sans droit à l'île Nou, et que nous refusions le travail. Rébellion ouverte. Cette situation sans précédents stupéfiait les hauts fonctionnaires et les gardes-chiourme, qui n'osaient sévir.

Enfin, un mois après l'étonnante question, nous passâmes à la presqu'île. Depuis quelque temps, on nous

_____

1. C'est-à-dire en juin 1880.

avait à peu près isolés des autres condamnés : une mesure, certes, déjà insolite.

Les escarpements mornes de la baie de Tindu, où se
dressèrent nos paillottes, comparés à l'île maudite, nous
parurent un Eden. Le nouvel air qui baignait nos poumons n'était plus vicié par les miasmes de l'infamie ; et
l'aspect des gardes-chiourme, transformés d'ailleurs dans
leur attitude, nous fut moins insupportable.

Plus que jamais, nous devînmes des forçats extraor-
dinaires : condamnés aux travaux forcés, sans être astreints au travail; condamnés non politiques, confondus avec des condamnés politiques ; condamnés indignes
de porter la barbe, d'après le règlement, mais la portant néanmoins, avec la connivence de l'administration..
Le ministère indécis, qui donnait et retenait, faisait de
nous des paradoxes ambulants. Etre ou n'être pas [n'é-
tait plus la question : nous étions sans être.

Chaque courrier apporta des faveurs ministérielles, et
chacun cherchait son lot : dans cette tombola : grâce,
bannissement — ou néant : affaire de chance.

J'appris, le 1er octobre, que j'étais gracié sous le numéro 410, quatrième catégorie, deuxième section! Cette
dernière désignation me classait, ainsi que mes camarades, parmi les forçats libérés autorisés à rentrer en
France. L'indignité dont on nous frappait me fit écrire
une lettre qui a été transmise au ministère par le gouverneur de la Nouvelle-Calédonie, comme je l'ai appris
depuis. En voici la substance :

« La tache imprimée au front d'un forçat ordinaire ne
souillera jamais un condamné politique; et la routine
administrative n'a pas puissance de recréer, par une

formule de section et de numéro, ce que la force des choses détruit.

» Nous avons été retirés d'un milieu qui n'est pas le nôtre ; et, comme conséquence, nos noms ne doivent pas figurer pêle-mêle avec ceux d'une catégorie qui n'est pas la nôtre.

» J'appelle votre bienveillante attention, M. le gouverneur, sur une situation contradictoire dans ses termes, puisqu'elle ouvre un registre commun à des hommes que le bon sens a dû séparer déjà. Les graciés d'hier, qui sont les amnistiés d'aujourd'hui, fournissent la preuve qu'il n'est pas bon d'appliquer l'immatriculation du bagne aux graciés d'aujourd'hui, qui seront les amnistiés de demain ».

Les commués avaient le droit d'aller à Nouméa.

Aller et venir est un droit constitutionnel dont j'avais perdu l'usage pendant huit années et demie de captivité : je l'exerçai de nouveau à Nouméa, sans menottes, sans gendarmes. J'allai et je « vins » fièrement, comme un homme libre, dans des rues bordées de maisons de bois à varandes et de boutiques où se dresse incessamment le spectre de la faillite ; sur la place des Cocotiers, — boulevard des Italiens où l'on entend de la « musique », où l'on voit des Néo-Hébridaises avec leurs pieds noirs reluisant sous leurs tuniques flamboyantes ; ville triste où l'on coudoie une population d'aventuriers qui ne sont pas venus pour y gagner le prix Montyon ; où l'on se heurte à chaque pas à de pauvres vendeuses de plaisir qui tarifent leur corps pour vivre ; où l'on se trouve surpris au café par la pression des mains de forçats libérés qui vous reconnaissent avec une mémoire implacable,

mais qui, heureusement, ne vont pas jusqu'à vous proposer de « filer une affaire » ; où l'on se trouve nez à nez
avec ses anciens gardes-chiourme qui vous contemplent
d'un air ahuri, ou avec des bandes de forçats de première classe en corvée qui murmurent entre eux en vous
regardant avec malice : « Voilà notre ancien copain ! »

Le 26 novembre, je fus embarqué sur la *Creuse*, dont
le commandant, M. C..., n'a retenu que l'adverbe de
l'adage allemand : « Hâtez-vous lentement », et le premier de la fable : « Patience et longueur de temps. »

La *Creuse* est un bateau mixte, dont les voiles et la vapeur luttèrent à l'envi pour se reposer. Le canal de Suez
fut jugé une voie trop courte pour des rapatriés qui
comptaient fiévreusement les heures, et nous dûmes
doubler le cap Horn sur un second vaisseau fantôme.
L'heureuse union du vent et de la vapeur nous procura
un voyage infernal qui dura cent trente-trois jours, et
j'avais fait en quatre-vingt-quinze le même trajet sur la
Loire, un simple voilier. Le ministre de la marine a,
dit-on, voulu faire une expérience avec un système
mixte : pourquoi a-t-elle été accomplie à nos dépens !

Le 5 avril, nous débarquâmes à Brest, où le comité
républicain, plein de sollicitude et d'amabilité, nous
avait préparé un banquet tout amical et charmant, et
qui, avouons-le, ne parut pas superflu à nos estomacs.

Enfin, le lendemain, en descendant de wagon à Paris,
dans la foule compacte des familles et des amis, et le re-
tentissement des voix qui s'appelaient, les pleurs débor-
dèrent au milieu des mains serrées, des étreintes et des
embrassements sans fin.

Et maintenant que notre chère République est bâtie

11.

sur un roc, nous allons reprendre notre propagande ardente, poursuivre sans relâche la dissolution et la reconstruction de cette Europe sénile, vermoulue, pourrie dans ses dogmes, sa morale, ses législations, son organisme social et politique.

Réaliser le programme radical : voilà le terrain solide, l'œuvre pratique.

Eclairer, réchauffer, moraliser les masses en leur faisant connaître les étapes ultérieures, les transformations européennes inévitables ; leur expliquer quel est le but qu'il faut poursuivre, c'est-à-dire l'éducation intégrale et le bien-être pour tous, et leur mettre ainsi au cœur l'espérance et le zèle pour la chose publique : voilà l'œuvre non moins indispensable.

Simple gracié, je ne suis ni électeur ni éligible ; mais le ministère n'a pas puissance de briser la plume ni de cadenasser les lèvres de l'ancien forçat.

FIN

Imprimerie générale de Châtillon-sur-Seine. — J. Robert.

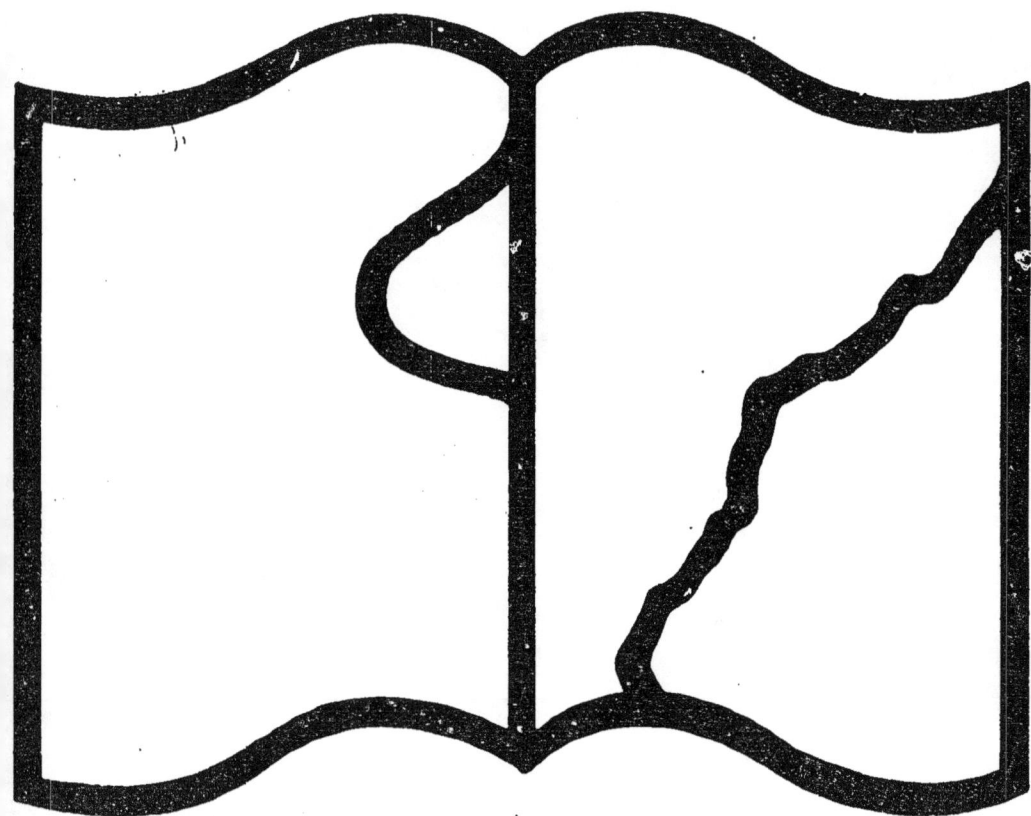

Texte détérioré — reliure défectueuse

NF Z 43-120-11

www.ingramcontent.com/pod-product-compliance
Lightning Source LLC
Chambersburg PA
CBHW052138090426
42741CB00009B/2137